珍藏本
纪念版

汉译世界学术名著丛书

逻辑学讲义

〔德〕康德 著

许景行 译

杨一之 校

SINCE 1897 商務印書館 The Commercial Press

2017年·北京

Immanuel Kants
IMMANUEL KANTS LOGIK:
ein Handbuch zu Vorlesungen
Königsburg bei Friedrich Nicolovius 1800
根据联邦德国达姆斯塔特科学书社1968年出版的《康德文集》
(十卷本)第5卷译出。

汉译世界学术名著丛书
（120年纪念版·珍藏本）
出 版 说 明

2017年2月11日，商务印书馆迎来120岁的生日。120年前，商务印书馆前贤怀揣文化救国的理想，抱持“昌明教育，开启民智”的使命，立足本土，放眼寰宇，以出版为津梁，沟通中西，为中国、为世界提供最富智慧的思想文化成果。无论世事白云苍狗，潮流左右激荡，甚至战火硝烟弥漫，始终践行学术报国之志，无改初心。

逐译世界各国学术名著，即其一端。早在20世纪初年便出版《原富》《天演论》等影响至今的代表性著作，1950年代后更致力于外国哲学和社会科学经典的译介，及至1980年代，辑为“汉译世界学术名著丛书”，汇涓为流，蔚为大观。丛书自1981年开始出版，历时三十余年，迄今已推出七百种，是我国现代出版史上规模最大、最为重要的学术翻译工程。

丛书所选之书，立场观点不囿于一派，学科领域不限于一门，皆为文明开启以来，各时代、各国家、各民族的思想与文化精粹，代表着人类已经到达过的精神境界。丛书系统译介世界学术经典，引领时代思想，为本土原创学术的发展提供丰富的文化滋养，为推动中国现代学术和现代化进程做出了突出的贡献。

为纪念商务印书馆成立120周年，我们整体推出“汉译世界学术名著丛书”120年纪念版的珍藏本，寄望既利于文化积累，又便于研读查考，同时向长期支持丛书出版的译者、编者和读者致以敬意。

两甲子后的今天，商务印书馆又站在了一个新的历史时间节点上。我们不仅要铭记先辈的身影和足迹，更须让我们的步伐充满新的时代精神。这是商务人代代相传的事业，更是与国家和民族的命运始终紧密相连的事业。我们责无旁贷，必须做好我们这代人的传承与创造，让我们的努力和成果不仅凝聚成民族文化的记忆，还能成为后来人可以接续的事业。唯此，才能不负前贤，无愧来者。

商务印书馆编辑部

2017年10月

代　译　序

杨一之

康德在长达四十一年之久的教学生涯中，曾实际讲授《逻辑学》二十八次。遵照教育部门的规定，授课必须采用官方许可的教本；康德所用者是迈埃尔教授的《逻辑学》，不过他因受到当时文教大臣策德利茨的尊重，尽管大体仍按原书章节讲解，但他完全可以自由发挥，不唯删减增补任意，而且曾公开对原书某些论点进行辩驳。据一些听讲学生说，康德上课时都带着原书，但其中都夹有乃至粘贴着自己所写的许多纸条。

当时大学的风气，是学生往往将听讲笔记私印出售。巴黎大学直到本世纪三十年代，文科、法科学生印售听讲笔记之风仍很流行。有关康德《逻辑学》笔记，在普鲁士学院本的《康德全集》中，所收入者竟达七种，耶舍 1800 年出版的康德《逻辑学》亦是其中之一，不过它在出版前曾经康德亲自审定过，与其他几种比较起来，自应更具有权威性。

大家知道康德的辩证法，若与黑格尔相较，当然很贫乏。但是他为开辟近代辩证法筚路蓝缕之功，其伟大也是不能否认的。

康德于“量”、“质”、“关系”的逻辑传统判断分类之外，又创设“模态”一类，这意义是深远的。因为旧形式逻辑，如康德所说，是不管内容的，而范畴表的模态一栏，所列的“可能与不可能、存在与不存在、必然与偶然”，三对范畴，又不能不涉及概念的内容实质，这就突出地表明了从形式逻辑到所谓先验逻辑的转变。从西方最近一二十年中所谓“模态逻辑”的兴起，就某种意义而言，近代数理哲学发展到现在，其逻辑打破了传统主语、谓语概念联结方式，用数学算术化技术，来处理旧形式逻辑问题。罗素曾简明地指出过“传递关系”本是旧逻辑无法解决的问题，而数理逻辑却明快地解决了。但在这种技术长足进展的今天，数理逻辑却不得不回过头来，研究其一向反对的要过问其逻辑项所指的内容实质问题，这就是现代所谓模态逻辑。这也就是说近代数理逻辑有惊人的进步，其应用效能尤其使工业社会改观；然而它的各流派都深深为悖论所困，亦即为有理由的矛盾所困。于是发生了上述的转向，西方有些数理逻辑家近来甚至公开说要研究辩证法。

康德对辩证法的贡献，更在于他将他的范畴表的四类范畴，每一类的三项均以正、反、合的方式来说明。他是自觉的、深思熟虑的，并非偶发的泛论。费希特虽然沿袭康德“正、反、合”公式，贯穿它于整个体系，但他对最根本的自我与非我之统一这个“正、反、合”公式，却把合题说成是自我正题与非我反题的相互限制，虽然康德关于“质”的范畴也说过肯定、否定之结合是“限制”，但并未将它普遍化。费希特以“相互限制”来概括其主要论旨的合题，显然不能令人满意。黑格尔用基督教的三位一体来比拟康德的范畴表的正、反、合。黑格尔诚然在早期著作中已有“上帝死了”的名言流传至今，用圣父作正题，圣子（即耶稣、亦即上帝）作负题，两者结合为“圣灵”作合题，以此来牵合康德的公式，形式上也未为不可；但就康德自身而论，这未免故意贬低，有失公允。

康德对辩证法开创之功是不可磨灭的。他的《逻辑学讲义》中译本的问世，对于研究康德逻辑学——辩证法思想的衍变发展，一定会有不小的帮助。

我曾有机会审校全部译稿，又知道译者对一些逻辑术语不大有把握时，曾向金岳霖先生请教；金先生耆年硕学，对新进后辈，还不辞谆谆指点，至今思之，犹深为感动。商务印书馆不顾近年学术书籍极为滞销的情况，毅然出版此书，其继承发皇“商务”，努力宣扬文化、科学之传统，精神至堪钦佩。

1988年3月14日于北京

敬 献 给

最最尊敬的埃贝哈德·尤利乌斯·
艾·冯·马索阁下，

普鲁士王家枢密院国务和司法大臣，新教和路德教教堂和学校，一切慈善机构、修道院及其他一般教会事务的宗教大臣，

新教和路德教会的首席会长，
大学的最高监护人，
等等，等等。

奥得河畔法兰克福学会会员
哥尼斯堡大学的博士和讲师
出版者戈特劳布·本亚明·耶舍。

目　录

第一编 一般要素论

第二编 一般方法论

编者前言 Av

自康德委托我修订出版他为听众公开讲授过的逻辑学，并以简明手册的形式将它交付读者以来，时间已去一年有半。为此目的，我从他那里得到了他本人讲课时使用的手稿，他以特别令人荣幸的信任向我表示，熟悉他体系的一般原则的我，在这里也容易进 Avi
入他的思路，不致歪曲或篡改他的思想，而以必要的清晰和明确，井然有序地将它们展示出来。由于我接受了这一光荣的委托，试图尽力之所能，不负我尊敬的老师和朋友——这位值得赞誉的哲人——的希望和期待去完成任务，讲演——对思想的表达和陈述、阐明和整理——所涉及的，有一部分就按我的筹划作了安排。这当然使我有责任向康德这部新著的读者提供一些解释。关于这点，此处作一说明，在别处还会有较详细的说明。

1765 年以来，康德教授先生不断讲授逻辑学，该课程以作为入门的迈埃尔教科书（选自格奥尔格·弗里德里希·迈埃尔的《理 Avii
性的学说》，哈勒，1752 年版）为基础。关于这样设课的理由，康德在一份预告他 1765 年讲课的由他提供的提纲[①]中说明过。像他

① 参看新近出版的《1765—1766 年冬季学术讲演题安排的报告》，第一卷。——迈埃尔原注

为同一目的使用的一切其余教科书那样，前述讲课提纲的样本是用一些空白纸夹订起来的。个别章节中与提纲内容密切相关的一般及较特殊的批注或说明，部分地写在夹入的空白纸上，部分地写在教科书页的边旁。散见于各处的批注和说明中的笔记，是由康
Aviii 德为讲课而加的**资料杂志**缀合而成的，他随时以新的观念加以扩展，或者一再重新修改其中的个别内容。这些资料至少包含着迈埃尔教科书的著名评论家[①]时常发表的一切评论的要点，那是他在自由发挥的讲演中讲给逻辑学听众，而又认为值得记下的。

关于这一著作内容的叙述和安排，我以为最贴切地体现这位伟人的思想和原理的，莫如在整体的处理和划分上，坚持依照了他明白的声言。根据这种声言，在真正的逻辑论著中，特别是在其**要**
Aix **素论**中，可容纳的不外思维的三种基本主要功能——**概念**、**判断**和**推理**——的理论。因此，一切有关一般知识及其逻辑的充分性的讨论，迈埃尔教科书中概念论之前几乎占全文篇幅一半的部分，都必须置于导论中。康德在第八章——他的作者[②]在这里阐述概念的学说——的开头提到，“在这以前是关于作为**逻辑入门**的一般知识的讨论，随后是**逻辑学本身**”。

遵照这一明显指示，我把直至第八章以前的一切内容都收入导论中，因而它的篇幅要比在其他逻辑学教科书中通常所占的多
Ax 得多。由此产生的后果是，我们的现代逻辑家们在方法论领域有理由援引的许多材料，如证明的学说之类，都已在导论中讨论过，

① 此评论家指康德。——译者
② 作者指迈埃尔。——译者

作为本书另一主要部分的方法论必须相应删减。为了使不完备的东西完备并将一切置于相应的位置，在适当的地方再次提及这些材料，这是一种多余的、不得体的重复。然而我还是在定义和概念的逻辑分类学说上作了这样的重复，后者在迈埃尔的提纲中属于第八章，即概念的要素论，这个次序康德在讲演中也依然未加改变。

此外，不言而喻，如果康德喜欢，如果他为真正哲学（真实和良 Axi
知的哲学）奠定科学基础的事业，即由他首创并且唯有以他的独创性才能完成的这一颇为重要和艰难的事业，允许他考虑亲自制订逻辑学，那么，这位哲学特别是（关于逻辑的处理和外在形式的）理论哲学部分的改革者，就会依据其基本路线已经在《纯粹理性批判》中勾画出来的他的建构草图制作出来。不过，这项工作他却很可以留给他人去做，只要这些人能够以识别力和公正无私的判断利用他的建构思想，去真正恰如其分地、妥善地制订和处理这门科
学。这正是我们德国哲学家中多数彻底而公正的思想家们所期待 Axii
的事。这种期待也没有使康德和他的哲学朋友们失望。就整体的处理和布局而言，许多较新的逻辑教科书多少应当被视为康德逻辑思想的果实。每个人，只要他对逻辑学的特性与合法界限具有正确而明晰的概念，即使极为粗略地把旧逻辑教本与新的、根据康德原则制订的教科书作一比较，也会确信，这门科学是真有所成就的。虽然它既未更丰富，就其内容而言也未更坚实或本身更有所建树，但是却变得更加纯净了，这一部分是由于清除了它的一切庞杂成分，一部分是由于去掉了一些无益的机巧和纯粹的辩证游戏；
它更加系统化了并在方法的一切科学严格性上更加简单了。在旧 Axiii

的逻辑手册中，尽管也有一些可能以方法的科学严格，解释的清楚、确定和精确，及证明的简洁明了而出色，然而它们之中的几乎任何一本，都是在其中将不同的、在较广范围内属于一般逻辑的**仅仅入门的**、**教条的**和**技巧的**，**纯粹的**和**经验的**领域的界限如此交错，互相混杂，以致不能明确地将其一与其他区别开来。

诚然，**雅柯布**先生在他的逻辑学第一版前言中提到："**沃尔夫**
Axiv 卓越地把握了一般逻辑的思想。如果这位伟人喜欢完全专一地讲述纯粹逻辑，那他一定会以其有条理的头脑给我们提供一部杰作，它将使这方面的一切未来工作成为无用。"但是沃尔夫从未阐述过这种思想，他的后继者中也没有一个人这样做过，虽说此处，围绕真正逻辑的东西，沃尔夫派在我们哲学知识中形式的完备性方面作出的贡献，毕竟是巨大而有根基的。

通过纯粹的、单纯形式的东西与经验的、实在的或形而上学的命题的必要分离，外形上完善的逻辑也还会出现，并且必定出现。
Axv 除此而外，如果把对逻辑学内容的评论和规定看作科学，那么**康德**关于这点的判断就是不容怀疑的。对此，他多次坚定而明确地声明：逻辑被认为是一种抽象的、独立的、在自身中建立的科学，它从发生和由**亚里士多德**首创以来，直到我们的时代，在科学论证方面，实际上无所增益。依照这一断言，**康德**既不想通过一条更高原则来论证同一和矛盾逻辑规律，也不想演绎判断的逻辑形式。他之承认和讨论矛盾律原理，是将它作为一个具有自明性，无须从更高原理导出那样的命题。不过在使用方面，他对这一原则的有效性作了限制，由于他将矛盾律从形而上学领域（在该领域中，独断
Axvi 主义要维护其地位）逐出，因而将其限制在单纯逻辑的理性使

用(仅对于这种使用才唯一有效)上。

但是,逻辑的同一命题和矛盾命题实际上是否本身绝对不能、也无须继续演绎,这当然是另一个问题。它引导出含有多种意义的问题:一般说来,是否有一切知识和科学的**绝对第一原理**?这样一种原理是否可能及能否找到?

知识学相信,〔它〕在纯粹的、绝对的我中发现了这一原理,从而全部哲学知识不仅就形式,而且就内容而言,也完全有了基础。因此,当知识学不把同一和矛盾逻辑原理(A＝A 和－A＝－A)看 Axvii
作无条件的,而只称之为**从属**原理(这些从属原理只有且必须通过知识学及其最高原理——**我在**——才能证明和确定)的时候,它的探讨是完全一贯地在绝对一致和无条件原理的可能性和必然有效性这一前提下进行的(参看《知识学基础》,1794 年版,第 13 页等等)。由于逻辑学一般只能通过对确定命题的抽象,并且——只要它以科学的方式产生,就——只能通过对知识的**最高**原理的抽象才能产生,从而知识的最高原理及随之产生的原理已经以知识学本身为前提,所以**谢林**在他的《先验唯心论体系》中,也以同样一贯的方式对作为无条件的,亦即不能从更高原理引导出来的逻辑原理的前提作了说明。但是另一方面,因为被视为**原理**的知识的最高原理,同样必然已经以逻辑形式为前提,所以恰恰从这里产生了 Axviii
那样的循环,该循环虽然是科学所不能解决的,却是可以解释的——通过确认形式和内容都根据(形式和质料的)哲学第一原理来解释,在这一原理中,形式和内容双方互为条件、互为根据。于是原理中便会存在这样一点,在这点上,主观的和客观的、同一的和综合的知识是一个而且是同一的东西。

所以，在这样一种威严——它使这种原理不容怀疑——的前提下，逻辑学如同其他每门科学一样，必须从属于知识学及其原理。

但是，无论在什么情形下，有一件事总是确定了的，即：逻辑学在它的范围内，其本质的东西总是保持不变的。逻辑原理是否能
Axix 够并且需要从更高的绝对原理中引导出来？这个先验问题对于逻辑本身及其规律的有效性和明显性并不能有什么影响，正如对于纯粹数学（就其科学内含而言）的那个先验课题——数学中的先天综合判断是怎样可能的？——也没有什么影响一样。作为逻辑学家的逻辑学家也像作为数学家的数学家那样，在其科学的范围内，在解释和证明方面，可以安详地向前走自己的路，而无须担心处于它领域之外的先验哲学家和知识学家的先验问题，即：**作为科学的纯粹数学或纯粹逻辑学是怎样可能的？**

在这种对一般逻辑的正确性的普遍赞许中，怀疑论者与独断论者之间关于哲学知识最后根据的争论，从来没有被引入逻辑——其规则的有效性每个怀疑论者和独断论者都承认——领域，但这一争论却随时被引入形而上学领域。难道情况还能是别种样子吗？真正哲学的最高任务绝不涉及主观的知识，而涉及客观的知识；它与同一的知识无关，而与综合的知识有关。就此而言，逻辑自己完全是置身于局外的。无论是批判哲学或知识学，还
Axx 是任何懂得明确地把先验的观点同单纯逻辑观点区别开来的哲学，都绝不会想到要在单纯逻辑领域内去寻找实在的、哲学知识的最后根据，绝不会想到从一条单纯被视为逻辑命题的命题，便能推出一个**实在的客体**。

谁确实注目于作为单纯形式的科学——被视为思维的单纯思维的科学——的真正(一般)逻辑,与先验哲学——这种一致于质料的或实在的纯粹理性科学、真正知识的科学——之间的天壤之别,而不再忽视这一区别,他就容易判断现代的尝试,如巴尔迪里先生(在他的《第一逻辑纲要》中)新近从事的〔工作〕,即从逻辑本身构成其在先者,期待在这样的研究道路上发现,“一个实在客体或者由它(单纯的逻辑)设定,或者无从设定;或者由它提供自然本质的钥匙,或者哪里都不可能有逻辑学和哲学”。然而实在看不出,以哪种可能方式,巴尔迪里先生从他提出的逻辑的在先者、思维的绝对可能性原理——根据该原理,我们能够无限次地重复作为多(非杂多)中之一和同一个的一——出发,能够寻出实在客体。显然,这个误以为新发现的逻辑的在先者,不多不少正是老早就被确认的、内在于逻辑领域并被置于逻辑学极顶的同一性原理:我思维着我在思维的东西,并且,我能够无止境地重复思维的,正是这东西而不是别的什么。在知性逻辑的同一律中想到杂多(ein Mannigfaltiges)而不是想到单纯的多(ein bloßes Vieles),这当然不是也不能通过别的,而只能通过一个和同一个思维的纯粹重复——一种 A=A=A 的反复设定,如此进行,以致无穷——才发生。因此,遵循巴尔迪里先生采取的途径,按照他利用的同一种发现新知识的方法,可能不易找到哲学理性在其研究中能够由以出发的起点,及所复归的终点之所在。也许,巴尔迪里先生对于康德及其哲学论究方法的最主要、最有意义的责难所针对的,与其说是逻辑学家康德,倒不如说是先验哲学家和形而上学家康德。所以,我们可以把这些责难全部安放到它该放的地方。

Axxi Axxii Axxiii

Axxiv 最后，在这里我还想说明一点：康德的形而上学手稿也已在我手头，一有闲暇，我就将以同一方式修订出版。

奥得河畔法兰克福学会会员　哥尼斯堡大学
哲学博士和讲师　戈特劳布·本亚明·耶舍
1800 年 9 月 20 日于哥尼斯堡

导　　言 A1

I　逻辑的概念

自然——无论是非生物界还是生物界——中的一切,都是依照规律发生的,虽说这些规律我们并非总能认识到。水位依照重力法则下降,动物依照规律行走。鱼在水中游,鸟在空中飞,都是依照规律进行的。一般说来,整个自然界无非是现象依据规律的联系;什么地方也**没有杂乱无章的东西**。

我们力量的施展,也是按照我们所依从的某些规律发生的。A2
起初,对于这些规律我们是无知的;通过尝试和较长时间使用我们的力量,我们达到对规律的认识;最后,我们对之如此娴熟,以致花费许多气力在抽象中思考它们。例如,普通语法就是语言的一般形式。人们不懂语法,却也在讲话;不懂语法而讲话的人,事实上也有语法,其讲话也依从规律,但是对于这规律他却没有自觉到。

像我们的一切力量那样,知性在其活动中也特别受到我们可以探究的规律的束缚。知性当然被看作是那思考一般规律的泉源和能力。感性是直观的能力,而知性则是思维的能力,也就是把感觉表象置于规律之下的能力。因此,知性热衷于寻求规律,发现了规律,它便感到满足。问题在于:知性既然是规律的泉源,那它自身又依据什么规律进行呢？

毫无疑问，除了依据某些规律，我们就不能思维，或者说，我们
A3 就不能使用我们的知性。然而对这些规律我们也能够就其本身去思维，就是说，我们能够**不**去思维**它们的应用**，或者说，能够在抽象中去思维它们。那么，这样的规律有哪些呢？

知性活动所依据的规律，不是**必然的**就是**偶然的**。缺少前者，知性就完全没有使用的可能；缺少后者，知性的某种确定的使用便不会出现。依赖于某一认识对象的偶然规律，同对象本身一样多种多样。例如，在数学、形而上学和道德学中就是这样使用知性的。这种特定的知性使用的规律在被思考的科学中是偶然的，因为我是否在思维与这些特殊规律有关的这一或那一对象，这是偶然的。

但是，如果我们现在把必须只从**对象**中引导出来的一切知识放在一旁，单单思索知性的一般使用，那么，我们将发现这种知性使用的那些规律，它们在一切意图中，在不考虑一切思维的特殊对象的情况下，都是绝对必然的，因为没有它们我们就完全不能思
A4 维。所以，这些规律也能先天地，即**独立于一切经验地**被考察，因为它们不区别诸对象，而仅包含知性使用（这种使用可以是**纯粹的**或**经验的**）的一般条件。由此得出的结论是：思维的普遍的和必然的规律，完全只能与思维的**形式**有关，而与思维的**质料**绝对无关。所以，包含这些普遍的和必然的规律的科学，只能是我们知性认识或思维的形式的科学。因此，我们可以设想这样一种科学的可能性，就像设想一种**一般语法**那样，这种语法除了包含语言的形式之外，再没有别的，不包含属于语言质料的词。

这种关于一般知性或理性的必然法则的科学，或者说——这是一样的——，这种关于一般思维的单纯形式的科学，我们称之为**逻辑**。

逻辑作为一门关于一切一般思维的科学，不考虑作为思维质料的对象。

1）逻辑被看作一切其他科学的**基础**和一切知性使用的**入门**。它之所以能够如此，是因为它完全抽去了一切对象。

2）逻辑不是科学的**工具**。

我们把**工具**理解为说明怎样可以产生出某种知识的方法指 A5
南。但为此我当然还要认识根据某种规律产生的知识对象。科学的工具不只是逻辑，因为它以科学及其对象和泉源的精确知识为先决条件。比如，数学就是这样的一种出色工具。作为科学，它在某一种理性使用方面包含着我们知识扩展的根据。反之，逻辑作为一切一般知性和理性使用的普通入门，因为它不可步入科学并预知其质料，所以仅仅是使知识适合于知性形式的一种一般的理性技巧（canonica Epicuri）。在并非服务于我们知识的**扩充**，而仅服务于我们知识的**评判**和**校正**的意义上，逻辑方可称为工具。

3）但是，作为思维的必然法则——没有这些法则，知性和理性的使用就全然不会发生，它们因此是些条件，唯有在其下知性才能够并且应当与自己本身相一致——的科学，作为知性的正确使用的必然法则和条件，逻辑是一种**法规**。而作为知性和理性的法规， A6
它既不允许从任何一门科学，也不允许以任何一种经验借来它的原理；逻辑必须包含好多先天的法则，这些法则是必然的、关于一

般知性的。

虽然一些逻辑学家在逻辑中假定了心理学原理，但是在逻辑中提出这类原理如同从生活中提取道德一样不合理。如果我们从心理学中，亦即从对我们知性的观察中提取原理，那么，我们所见到的，仅为思维是怎样发生的，及思维如何处于种种主观障碍和条件之下；这便引向单纯偶然法则的知识。但是逻辑学中的问题不在于偶然的规律，而在于必然的规律；不在于我们怎样思维，而在于我们应当怎样思维。因此，逻辑的规律必须不从偶然的知性使用中，而从必然的知性使用中引导出来，这种必然的知性使用无须任何心理学，在它自身那里便可找到。在逻辑学中，我们不想知道知性是怎样的、如何思维，以及迄今为止知性在思维中是怎样活动的；而想知道，在思维中知性应当怎样活动。逻辑学应当教我们正确使用知性，即与自己本身相一致地使用知性。

A7 从上述对逻辑的说明中，还可引出这门科学的其余重要性质，即

4）逻辑是理性的科学，这不是就单纯形式而言，而是就质料而言[①]，因为逻辑以理性为其对象，它的规律并非来自经验。因此，逻辑是知性和理性的自我知识，但不是就这些能力与对象相关而言，而是仅就形式而言。在逻辑学中我将不问：知性知道什么？知性能知道多少？或者，知性知识可以扩展到多远？逻辑学中的问题只是：知性如何认识本身？

最后，作为一门理性科学，从质料和形式看，逻辑又是

---

① 学园版揣为："不是就质料，而是就单纯的形式而言。"——原注

5)一种**学说或证明的理论**。因为逻辑不研究普通的、单纯经验的知性和理性使用，而只研究一般思维的普遍的和必然的法则，所以逻辑以先天的原理为基础，逻辑的一切规律都能由这些先天的原理引导出来并被证明，它们是理性的一切知识都必须遵循的原理。

由于逻辑被看作一种先天的科学或一种知性和理性使用法 A8
规的学说，它与**美学**根本不同，后者作为单纯**鉴赏的批判**没有法规（法则），只有规范（仅为判断的典范或标准），而这种规范就在于普遍的协调一致。因此美学包含与感性法则相一致的知识规律；反之，逻辑则包含与知性和理性法则相一致的知识规律。倘若人们将学说理解为由先天原理而来的一种独断的指示，假如人们无须其他从经验得来的教导，通过知性就了解到一切，假如学说使我们据以获得所希求的完备规律，那么，美学就仅仅是一种经验的原理，因而绝不能是科学或学说。

有些人，特别是演说家和诗人，试图对鉴赏巧为论说，但是他们都未能发表决定性的判断。法兰克福哲学家**鲍姆加滕**曾制订了作为科学的美学计划。只有**霍姆**较正确地称美学为**批判**，因为美学没有充分规定判断的先天规律，像逻辑那样，而是后天地取得它
的规律的，我们据以认识不完备和完备（美）的经验的法则，仅仅是 A9
通过较普遍地比较作出来的。

逻辑不只是批判；它是随后服务于批判，即服务于一切知性的一般使用的判断原理的法规，虽然它的正确性仅仅关系到形式，因为它和一般语法一样不是工具。

另一方面，作为一切知性的一般使用的入门，一般逻辑又区别

于**先验逻辑**。在先验逻辑中，对象本身被设想为单纯知性的对象；反之，一般逻辑与一切一般对象有关。

如果我们综括属于逻辑概念的详细规定的一切基本特征，那么，必须提出下列逻辑概念：

不是就单纯的形式，而是就质料而言[①]**，逻辑是一门理性的科学；是一门思维的必然法则的先天的科学，但不是关于特殊对象**
A10 **的，而是关于一切一般对象的；逻辑因此是一般知性和理性的正确使用的科学，但不是主观地使用，亦即根据知性是怎样思维的经验（心理学的）原理使用，而是客观地使用，亦即根据知性应当怎样思维的先天原理来使用。**

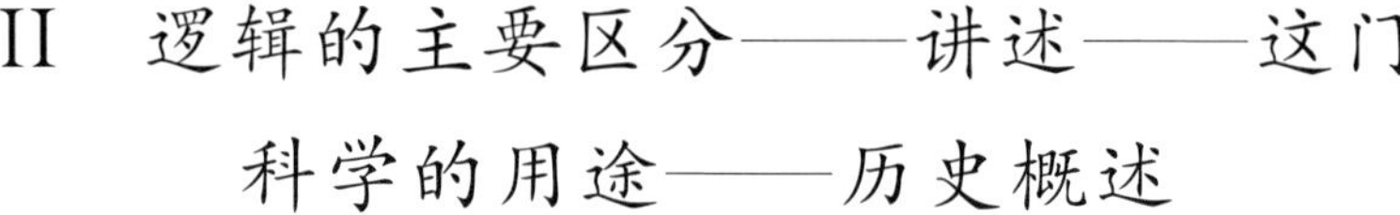

II 逻辑的主要区分——讲述——这门科学的用途——历史概述

逻辑区分为

1）**分析论**和**辩证论**。

分析论通过分析，揭示在一般思维中我们所从事的理性的一切活动。分析论是对知性和理性形式的分析，从而有理由称为真理的逻辑，因为分析论包含一切（形式的）真理的必然规律，没有这些规律，我们的知识——且不说对象——本身就是不真的。因此，分析论无非是评判（我们知识形式的正确性）的法规。

A11 如果人们想要把这种单纯理论的一般学说，当作一种实用技

① 学园版描为：“不是就质料，而是就单纯的形式而言”。——原注

艺，即工具来使用，那么，它将变为**辩证论**。由分析论的单纯滥用，乃至根据真正知识（其特性必须从与对象的一致，因而从**内容**取来）的假象的**单纯逻辑形式**而来的一种假象（ars sophistica，disputatoria[①]）逻辑，将是矫作的。

辩证法在过去的时代曾被特别用心地研究过。这门技艺在真理的假象之下陈述一些错误的原则，并且试图根据这些原则，按照假象对事物作出主张。在希腊人那里，辩护士和演说家都是辩证法家，后者能够将民众引向他们所希求的地方，因为民众是听任假象欺骗的。所以，辩证法在当时是假象的技艺。在逻辑中，辩证法有一个时期曾在**论辩术**的名下讲述，这种情况下的一切逻辑和哲学是某些空谈者玩弄各种假象的文化。但是对于一个哲学家，再没有什么能比这样一种技艺的文化更不体面了。所以，此种意义上的辩证法必须完全抛却，代替它被导入逻辑的毋宁是对这种假象的批判。

据此，我们将逻辑学的两部分拟为：**分析论**，它陈述真理的形 A12
式标准；以及**辩证论**，它包含一些特征和规律，根据这些特征和规律，我们能够认识不与真理的形式标准相一致的某物，虽然看来它似乎与这些标准相一致。在这种意义上，辩证法作为知性的**清泻剂**有其很好的用处。

2）**自然的或通俗的**逻辑和**技艺的或科学的**逻辑（logica naturalis，logica scholastica，s. artificialis）。

但是这种区分是难以得到许可的。因为自然的逻辑或普通理性（常识）不是真正的逻辑，而是一种人类学科学，这种科学仅具有

① 诡辩术，辩论术。——译者

经验的原理，在这种情况下它只讨论自然的知性和理性的使用规律，这些规律只能具体——因而对它们缺少抽象意识——地被认识。只有技艺的或科学的逻辑才值得称为思维的必然普遍规律的科学，这些规律独立于自然的知性和理性的具体使用，能够而且必须先天地被认识，虽然它们首先只能通过对那种自然使用的观察才能被发现。

A13 3）还有一种逻辑的分类，是把逻辑分为**理论的**和**实践的**逻辑。但这种分类也是不正确的。

一般逻辑作为单纯的法规，抽去一切对象，不能有实践的部分。〔说一般逻辑有实践部分〕，这是自相矛盾，因为一种实践的逻辑以其应用到的某种对象的知识为前提。我们能够称每门科学为**实践的逻辑**，因为在每门科学中我们都必须有一种思维形式。所以，作为实践逻辑来看的一般逻辑，不过是**一般学问的技术**——一种**教育方法**的**工具**。

按照这种区分，逻辑具有**独断的**部分和**技术的**部分。前者可称为**要素论**，后者可称为**方法论**。逻辑的实践的或技术的部分是使知性易于活动的关于布局、逻辑术语及区别的逻辑技艺。

在技术的和独断的两部分中，既不允许丝毫考虑对象，也不允许丝毫考虑思维主体。就后一种关系而言，逻辑又可分为

A14 4）**纯粹的**和**应用的逻辑**。在纯粹逻辑中，我们把知性同其余的心力分开，考察知性只为本身做些什么。应用逻辑在知性同其他心力相混的情况下考察知性，这些其他心力对知性的活动施加影响，将它引向歧途，致使其活动不遵循它本身洞见到的正确法则。真正讲来，应用逻辑不应当称为逻辑。这是一种心理学，在这种心理学中，我们考察的是我们的思维通常怎样进行，而不是应当

怎样进行。最后，应用逻辑虽然也讲应当做什么，〔但〕那只是为了在一些主观障碍和限制之下，正确地使用知性而已。从应用逻辑那里我们也可学到促成正确使用知性的方法或医治逻辑缺点和错误的方法。然而应用逻辑还不是入门。因为心理学（在应用逻辑中一切都必须取自于它）是诸多哲学科学的一部分，对于这些科学来说，逻辑应当是入门。

虽说建立一门科学的技术或方式，应当在应用逻辑中加以讲 A15
述，但这却是无益甚至有害的。在占有材料之前就开始建立，固然会赋予形式，但是却缺少内容。技术必须在每门科学中讲述。最后

5）逻辑分为**普通的**知性逻辑和**思辨的**知性逻辑。这里我们指出，这门科学完全不能这样来分类。

逻辑不能是思辨的知性科学。因为一种思辨认识的逻辑或思辨的理性使用的逻辑是其他科学的工具，而不是应当与知性和理性的一切可能的使用有关的单纯入门。

逻辑同样不能是**普通知性的产物**。普通知性即是从具体来洞察知识规律的能力。但逻辑却应当是一门抽象思维规律的科学。

然而可以把普通知性当作逻辑的对象，在这种情况下，逻辑不管思辨理性的特殊规律，因此区别于**思辨的**知性逻辑。

关于逻辑的讲述，可以或者是**学术的**[①]，或者是**通俗的**。 A16

学术的讲述适宜于那些要把逻辑规律的知识当作科学来对待

① “学术的”即德文的 scholastisch，此处指有系统的、较专门的学问，与专指中世纪经院的意义不同。——译者

的人们的求知欲、才能及其培养。但是,如果讲述是为了屈就一些人的才能和需要,这些人不把逻辑作为科学来研究,而是用于为他们的知性启蒙,那么还是**通俗的**为宜。在学院的讲述中,规律必须**在其普遍性**或抽象中展示,反之,在通俗的讲述中,规律必须**在特殊性**或具体中展示。学术的讲述是通俗讲述的基础。因为只有能够彻底讲述某物的人,才能以通俗的方式讲述它。

此外,我们把讲述同方法在这里相区别。**方法**即需理解为如何充分认识某一对象——此对象的知识是方法要应用于其上的——的方式。方法必须取自科学本身的性质,并且作为思维所经由的确定而必然的秩序,自身是不可改变的。**讲述**则仅仅意味着将其思想传达给他人,使一种学说可以理解的手法。

A17 由前此我们关于逻辑的本质和目的所讲的,根据一个正确的确定的标准,便可对这门科学的价值和研究逻辑的用途作出评价。

逻辑确实不是一种普遍的发明艺术和真理的工具,不是借以揭示隐蔽真理的代数学。

但是逻辑作为知识的批判,或用作普通的和思辨的理性的评判——不是为了教诲理性,而是旨在使之**准确**,使之与自身相一致——,却是有用的和必要的。因为真理的逻辑原则是知性与它所特有的普遍法则相一致。

最后,关于逻辑的历史,在这里我们仅叙述如下。

现今的逻辑起源于**亚里士多德的分析篇**。这位哲学家堪称逻辑之父。他把逻辑作为工具来讲述,并将其划分为**分析论**和**辩证**

论。他的讲授方式完全是学院式的，关系到作为逻辑基础的最普遍概念的发展，然而这没有什么用途，因为除了从中引出各种知性 A18
活动的名称之外，几乎一切都驰逐于单纯的细枝末节。

此外，从亚里士多德时代以来，逻辑在内容方面就收获不多，而就其性质来说，逻辑也不能再增加什么内容。但是它在严密、确定和明晰方面确有所得。只有少数科学能够保持情况固定，不再改变。逻辑和形而上学就属于这类科学。亚里士多德没有漏掉一个知性要素；我们在其中所做的，只是使之更加严密、更加系统和有秩序。

从兰贝特的工具论中人们相信，逻辑大可增加。但其所包含的不过是更纤巧的分类，这种分类像一切正当的机巧那样，虽然会使知性敏锐，却与基本用处无关。

在近代哲学家中，有两人推进了普通逻辑，这就是莱布尼茨和沃尔夫。

马勒勃朗士和洛克并没有探讨真正的逻辑，因为他们讨论的是知识的内容和概念的起源。

沃尔夫的普通逻辑是所有逻辑中最好的。一些人，例如罗易士，把它与亚里士多德的逻辑相结合。

鲍姆加滕——一个对逻辑颇有贡献的人——凝练了沃尔夫的 A19
逻辑，迈埃尔随后又对鲍姆加滕加以评注。

克卢秀斯也属于近代逻辑家，但是对于什么是逻辑所具有的情况，他没有考虑过。由于他的逻辑包含着形而上学原理，因而越出了这门科学的界限。此外，他的逻辑提出了一个不能是标准的真理标准，为一切空想大开方便之门。

现在刚好没有著名的逻辑家，对于逻辑我们也不需要什么新发明，因为逻辑仅包含思维的形式。

III 一般哲学的概念——就学派概念和世界概念来看的哲学——哲学论证的基本要求和目的——这门科学的最普遍和最高的任务

要说明在一门科学中已被理解的东西，有时是困难的。但是，
当人们还未能把这门科学同与它相近的诸科学区别开来的时候，
A20 科学就通过确定概念的规定赢得了精确性，以往在不知不觉中潜
入的许多缺点都由于某些原因而避免了。

在我们试图给出哲学的定义之前，必须先研究一下各种知识本身的特性，并且，因为哲学知识属于理性知识，所以尤其要先说明所谓理性知识是什么。

理性的知识与**历史的**知识相反。前者是**来自原理**(ex principiis)的知识，后者是来自**事实**(ex datis)的知识。但是一种知识尽管是历史的却可以来自理性。例如，一位纯粹的作家学习他人理性的作品，他这种关于理性作品的知识就仅仅是历史的。

因此，区别各种知识可以：

1)根据其**客观的**起源，即根据知识唯由以出发才可能的泉源。就此而论，一切知识或者是**理性的**，或者是**经验的**；

2)根据其**主观的**起源，即根据知识如何由人取得的方式。从
A21 后一种观点来看，知识或者是**理性的**，或者是**历史的**，知识可以自

在地如其所愿地发生。因此某种知识可以**客观地**是理性的知识，而**主观地**只是历史的。

单纯历史地了解知识，这在一些理性知识中是有害的，而在另一些中则无关紧要。例如，航海者从他的图表中历史地了解航海规则，这对于他就足够了。但是如果法学家单纯历史地了解法律，那么他要做法官就完全糟了，要做立法者就更糟了。

从上述**客观的**和**主观的**理性知识间的区别也可看出，在某种意义上，人们可以学习哲学，却不能推究哲理。要成为真正的哲学家，必须练习自由地而不是模仿地，或者说机械地使用他的理性。

我们已经把理性知识解释为由原理而来的知识。由此得出的结论是：理性知识必定是先天的。但是有两种知识，它们都是先天的，却仍有许多显著的区别，这就是**数学**和**哲学**。 A22

人们通常说，数学和哲学是**依照对象**而互相区别的，因为数学的对象关系到**量**，而哲学的对象关系到**质**。所有这些说法都是错误的。两门科学的区别不能归因于对象；因为哲学涉及一切（只要一切都具有量），因而也涉及量，部分地也涉及数学。在数学和哲学中，只有**理性知识**或**理性使用**的**不同方式**才构成了这两门科学的区别。因为哲学是**来自单纯概念的理性知识**，而数学则是**来自概念构造的理性知识**。

构造概念，就是在先天的而非经验的直观中将概念提供出来，或者说，在直观中提供出与其概念相一致的对象来。数学家永远不能根据单纯的概念来利用他的理性，哲学家也永远不能通过概念的构造来利用他的理性。数学需要具体的理性，但这直观却不是经验的，在这里，人们将某种先天的东西作成直观的对象。

A23 如我们所看到的，数学因而具有优于哲学之处，前一种是直观的知识，后一种则相反地只是**论证的**知识。为什么在数学中我们更能权衡量，其原因在于量可以在先天的直观中构造出来，反之，质在直观中则无法展示。

因此，哲学是哲学知识或来自概念的理性知识体系。这是这门科学的**学院概念**。就**世界概念**来说，哲学是关于人类理性的最后目的的科学。这种崇高的概念赋予哲学以**尊严**，即一种绝对价值。事实也是如此，唯有哲学才具有**内在的**价值，并赋予其他一切知识以价值。

然而人们终究还是要问：哲学本身作为科学，从学院概念来看，哲学论究及其最终目的的用处何在？

在这个词的学术意义上，哲学仅与**技巧**有关；反之，就世界概念而论，哲学与**可用性**有关。着眼于前者，哲学是关于**技巧的学说**；着眼于后者，哲学是关于**智慧**——理性的**立法者**——的学说，
A24 在这种条件之下，哲学家不是**理性的艺术家**，而是**立法者**。

理性的艺术家，或者如苏格拉底所说的 philodox[①]，仅仅致力于思辨的知识，而不顾知识将为人类理性的最后目的作出多少贡献；他为各种随意目的提供理性使用的规则。实践的哲学家，借助于学说和榜样传授智慧的教师，是真正的哲学家。因为哲学是一种完美智慧的理念，它给我们指出人类理性的最后目的。

① 即**爱正义者**。——译者

就学院概念而论，哲学有两方面的含义：**一方面**，哲学是理性知识的充分装备；**另一方面**，哲学是理性知识的系统联系，或者说，是理性知识在一全体理念中的联结。

哲学不但允许这样一种严格的系统联系，而且是唯一在最精确的知性中具有系统联系，并赋予其他一切科学以系统的统一的科学。

但是关于就世界概念而论的哲学，则可称之为**我们理性使用的最高箴言的科学**，不过需将箴言理解为在各种目的中进行选择的内在原理。A25

因此，在后一种意义上，哲学是关于人类理性的最终目的的一切知识和理性使用的科学，对于作为最高目的的最终目的来说，一切其他目的都是从属的，并且必须在它之中统一起来。

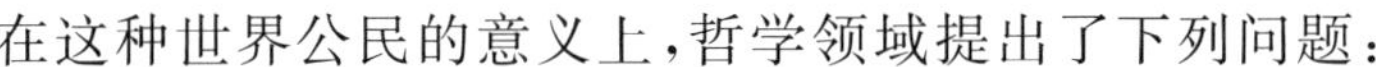

在这种世界公民的意义上，哲学领域提出了下列问题：

1）**我能知道什么**？

2）**我应当做什么**？

3）我可以期待什么？

4）人是什么？

形而上学回答第一个问题，**伦理学**回答第二个问题，**宗教**回答第三个问题，**人类学**回答第四个问题。但是从根本说来，可以把这一切都归结为人类学，因为前三个问题都与最后一个问题有关系。

因此，哲学家必须能够确定：

1）人类知识的泉源；

2）一切知识之可能的和有用的使用范围；最后

3）理性的界限。

A26 确定理性的界限是最必需的，也是最困难的，但爱正义者对此却漠然置之。

对于哲学家来说，主要有两件事：

1)才能和技巧的教育，以便将它们用于各种目的。2)使用一切手段达到任何目的的熟练。这两者必须统一起来；因为没有知识就不能成为哲学家，但是仅有知识，却不能将一切知识和技巧的合目的性联系带给统一，洞见到这种统一与人类理性最高目的的一致，也不成其为哲学家。

一般说来，任何不能推究哲理的人都不可称为哲学家，而推究哲理只能通过练习和理性本身的使用来学习。

究竟应当怎样学习哲学呢？

可以说，每一位哲学思想家都是在别人工作的废墟上写出他自己的著作的；但是没有一部作品达到了所有部分都固定不巧的境地。由于这种理由，哲学是不能学习的，因为**它还没有拿出来**。假如**面前确有一种哲学**，也不会有学了它，便能自称哲学家的人，
A27 因为他这种知识永远只是**主观**——**历史的**。

数学中情况则不同。数学在某种程度上当然是可以学习的，因为这里证明如此明显，以致每一步都是可以确信的。数学正由于它的自明性，作为一种**确定不变**的学说，才似乎可以维持下去。

相反地，愿意学习哲学推理的人，只可把一切哲学体系看作**理性使用的历史**，看作训练他哲学才能的对象。

真正的哲学家必须成为自由自主的自己思维者，而不能奴隶般地模仿地使用他的理性。但是也不能**辩证地**使用，也就是不能这样地使用，即旨在给诸知识以真理和智慧的假象。这是纯粹诡

辩者的事业，与作为智慧专家和教师的哲学家尊严绝不相容。

科学只有作为**智慧的工具**才具有内在的真正的价值。作为这 A28
样的工具，科学对于智慧如此必需，以致可以说，没有科学，智慧不过是一种我们永远达不到的完美的幻影。

人们把愈是热爱智慧，反倒愈憎恨科学的人称为**厌恶议论者**。厌恶议论通常是由于科学知识的空泛及与此相连的某种虚浮引起的。但有时也有些人起初十分勤勉和幸福地寻求知识，终则发现全部知识都不能令人满意，因而犯了厌恶议论的错误。

哲学是使我们知道如何得到这种内在满足的唯一科学，因为哲学仿佛结成一个科学的圆圈，各门科学通过哲学才获得秩序和联系。

为练习自己思维或推究哲理起见，我们对于我们理性使用**方法**的重视，胜于对命题（我们是通过方法得到这些命题的）本身的重视。

IV 哲学史的简短概述 A29

要确定**普通的**知性使用何处终止和**思辨的**知性使用何处开始的界限，或者说，要确定普通的理性知识在何处成为哲学的界限，是有些困难的。

然而这里还是有一种相当可靠的区别特征，即：抽象普遍的知识是**思辨的**知识；具体普遍的知识是**普通的**知识。哲学知识是理性的思辨知识，它开始于普通的理性使用着手探索抽象普遍的知识的时候。

由对普通的与思辨的理性使用间的区别的这种规定，可以判
断哲学思考必定会发端于哪一民族。在所有的民族中，**希腊人**首
先开始了哲学思考。因为他们最先尝试不遵循形象的线索，而以
抽象去栽培理性知识，反之，其他各民族则总是试图通过具体的形
A30 象，使概念成为可理解的。至今还有一些民族，如中国人和印第安
人，这些民族虽然也讨论神、灵魂不死等单纯来自理性的事物，但
是却没有根据概念和规律来抽象地探究这些对象的本性。他们没
有将具体的理性使用同抽象的理性使用分离开来。在**波斯人**和**阿
拉伯人**那里，虽然也找到一些思辨的理性使用，但这些规则仅是他
们从**亚里士多德**，因而从希腊人那里借来的。至于在**萨拉苏什特
拉**的典籍中，则连最微不足道的哲学踪迹也无从发现。备受称颂
的**埃及人**的智慧也是如此，同希腊哲学相比，那不过是儿戏。

就像在哲学方面那样，在**数学**方面，希腊人也是最先根据思辨的、科学的方法开拓理性知识的这一部分的，因为他们由要素证明了每一定理。

但是何时何地在希腊人中间产生出哲学精神，这实际上是无法确定的。

首倡思辨的理性使用，并将人类知性由之引向科学文化第一
A31 步的人，是**伊奥尼亚派**的创始人**泰勒斯**。他博得**物理学家**的称号，
虽然他也是**数学家**；一般说来，数学对于哲学总是前导。

此外，第一批哲学家是以形象来装饰一切的。因为诗歌无非是以形象来装饰思想，它比散文更早。所以，最初即使在完全是纯粹理性对象的事物那里，也不得不使用形象语言和诗歌文体。**菲莱基德**应当是第一位散文作家。

继**伊奥尼亚人**之后的是**爱利亚派学者**。爱利亚派哲学及其创始人**色诺芬尼**的原则是：**感官中存在的是错觉和假象，真理的泉源仅存在于知性中**。

在这派哲学家中，**芝诺**以具有伟大知性和敏锐感觉者、机智的辩证法家著称。

辩证法最初意味着关于抽象的、与一切感性相分离的概念的、纯粹知性使用的艺术。在古人那里，对于这门艺术有许多颂扬。后来，当那些哲学家完全抛掉感官见证时，便必然会在这种主张中 A32
玩弄许多机智，辩证法也就退化为一种支持和否定任何命题的艺术。就这样，辩证法成为智者们的单纯练习，他们想要对一切都说出道理，并且混淆真伪，颠倒黑白。所以**智者**这称号——在这称号下，人们曾想到对一切事情都能合理地、有洞见地讲说的人——现在受到厌恶和轻视，取而代之的是**哲学家**这个名称。

伊奥尼亚时代，在大希腊出现了一位罕见的天才人物，他不仅建立了一个学派，而且制订并实行了一个前此无与伦比的计划。这个人就是生于**萨摩斯岛的毕达哥拉斯**。他建立了一个通过秘密戒律结成联盟的哲学家团体。他把他的听众分成两类，即只准听讲的**公传者**（ἀκουσματικοί）和也可发问的**秘传者**（ἀκροαματικοί）。

他的学说有些是**公开的**、讲给全体民众的，其余的则是秘密 A33
的、**内部的**、只为其联盟成员规定的。他从盟员中吸收一些人做他最亲信的朋友，同其余的人完全隔离。他使**物理学**和**神学**——可见物和不可见物的学说——成为他神秘学说的**工具**。他也有各种**象征**，这些象征可能是毕达哥拉斯主义者用以相互了解的某些符号。

看来，他的联盟的目的不外是纯化民众的宗教狂热，缓和暴政，及在国家中导入若干合法性。但是，这个暴君开始畏惧的联盟，在毕达哥拉斯死前不久便崩溃了。该哲学团体由于其成员或者被处死，或者大部逃亡和被放逐而解体。余下的少数幸存者成为新皈依者。因为这些人对毕达哥拉斯的真正学说知道得不多，所以关于他们也说不出什么确凿的东西。后来，人们把许多学说都归之于也很有数学头脑的毕达哥拉斯，然而这不过是些虚构。

A34 最后，自苏格拉底开始了希腊哲学的最重要时期。他给予哲学精神和一切思辨头脑以全新的实践的方向。在所有人中间，他几乎是唯一的行为最接近贤人理念的人。

苏格拉底的学生中，柏拉图较多地研究了他的实践学说；而在柏拉图的学生中，使思辨哲学重又进到新高度的亚里士多德最为著名。

继柏拉图和亚里士多德之后的是伊壁鸠鲁派和斯多葛派，这两派最为互相敌对。前者将至善置于他们称之为快乐的愉快心情中；后者可以放弃生活的一切安适，仅在心灵的高尚和坚强中去寻求最高的善。

此外，斯多葛主义者在思辨哲学中是辩证的，在道德哲学中则是独断的。在其实践原理——通过这些原理，他们为各种最崇高的意念播下了种子——中，他们表现出颇多的尊严。斯多葛派的
A35 创立者是基蒂翁人芝诺。在希腊哲人中，这一学派的最著名人物是克林斯和克吕希普。

伊壁鸠鲁学派从未获得像斯多葛派那样的声誉。但是，无论人们怎样谈论伊壁鸠鲁主义者，都要确信：在享乐方面他们表现出高度的节制，他们是所有希腊思想家中最好的自然哲学家。

这里我们还要提到，那些最主要的希腊学派都有特别的名称。柏拉图学派称学园派，亚里士多德学派称逍遥派，斯多葛学派称画廊（δτοή）（一种有遮蔽的走廊，斯多葛的名称由此而来）派，伊壁鸠鲁学派则称花园派（因为伊壁鸠鲁在花园中讲学）。

在柏拉图学园之后，还有三个由他的学生们建立的新学园，一个是斯波西普斯建立的，另一个是阿尔克西劳建立的，第三个是卡尔内亚德建立的。

新学园倾向于怀疑论。斯波西普斯和阿尔克西劳确定了他们的怀疑的思想方式，卡尔内亚德将这又推进了一步，以此之故，怀疑论者，这些机智的、辩证的哲学家也被称为新学园派学者。新学
园派学者追随第一个伟大的怀疑论者皮浪和他的弟子们。在这方 A36
面，他们的老师柏拉图本人给予他们以机缘，因为柏拉图多以对话的方式讲述他的学说，介绍赞成与反对的理由，他本人则对此不作决定，虽说除此而外他是十分独断的。

随着皮罗开始了怀疑主义时期，一个完整的怀疑论学派出现了。在思想方式和推究哲理的方法上，怀疑派与独断派者有本质的区别，因为他们把下面的命题作为一切哲学理性使用的第一箴言：甚至在真理的最大假象中，也要保留其判断。他们提出的原理是：哲学存在于判断的平衡中，哲学教我们如何揭示虚伪的假象。除了塞克都斯·恩披里可的两部著作——他将一切怀疑都收集于其中——之外，这些怀疑论者再没有给我们留下

别的什么。

哲学由希腊人转到罗马人那里以后，就不再扩展了，因为罗马人老是停留在学生阶段。

西塞罗在思辨哲学方面是柏拉图的学生，在道德学方面是斯
A37 多葛主义者。爱比克泰德、哲学家安托尼都属于斯多葛派，塞内卡是这一派的最著名代表。在罗马人中间，除了留下“博物志”的年轻的普林尼①之外，没有自然学者。

文化终于在罗马人那里消失，野蛮兴起了，直至公元六至七世纪，阿拉伯人才开始致力于科学，使亚里士多德〔研究〕重新繁荣起来。现在，科学又在西方抬头了，尤其是亚里士多德的威望，人们以一种奴隶的方式追随他。十一世纪和十二世纪出现了经院哲学家，他们注释亚里士多德，无尽无休地玩弄机巧。人们所从事的无非是纯然的抽象。经院哲学的这种似是而非的论究方式在改革时代被排挤掉了。折中主义者出现在哲学领域，他们是这样一批自己思维者，这些人不委身于任何学派，而去寻找真理，并且一旦找到，就予以接受。

近代哲学革新，一部分归功于对自然界的大量研究，一部分归功于数学和自然科学的结合。通过研究这些科学，在思维中形成的秩序业已扩展到原来世界智慧的特殊分支和部分以外。近代第
A38 一位、也是最伟大的自然研究者，是维鲁拉姆的培根。培根在研究中踏上了经验的道路，注意到观察和实验对于揭示真理的重要性

① 学园版揣为：“老普林尼”。——原注

和必要性。不过，思辨哲学的革新究竟是从哪里开始的，这还很难说。在这方面，**笛卡儿**的功绩不容忽视，因为通过提出真理的标准（他以**知识的清楚和自明**来建立这种标准），他对赋予思维以明晰性作出了很多贡献。

但是，我们时代最伟大、功勋最卓著的哲学改革者，要推**莱布尼茨**和**洛克**。洛克试图分析人类知性，指出哪些心灵的力量及其作用属于这种或那种知识。虽然洛克为更深入彻底地研究心灵本性提供了便利，但是他并没有完成自己的研究工作，他的处理方法也是独断的。

这种非常错误的、哲学思考的独断方法，为**莱布尼茨**和**沃尔夫**所特有。它带有如此之多的欺骗性，以致有必要弃而不用，代 A39
之以另一种**批判的思考方法**。后一方法在于研究理性本身的活动方式、分析人类全部知识能力，并考察这些能力所能达到的**界限**。

自然哲学在我们时代极为繁荣。在那些自然研究者中间，**牛顿**享有极高名望。近代哲学家不能自诩享有卓越的永久声誉，因为这里仿佛一切都在流动。一个人所建立的，另一个人加以拆除。

在道德哲学领域，比起古人我们并未走得更远。在形而上学方面，对形而上学真理的研究、我们似陷入迷惘状态。现在对于这门科学表现出某种**冷淡**，因为人们好像引以为荣地把关于形而上学的研究，轻蔑地说成纯粹**无谓的思虑**。然而形而上学却是本来的、真正的哲学！

我们的时代是批判的时代，必须从我们时代的批判的尝试来 A40
看哲学，特别是形而上学将会成为什么。

V 一般知识——直觉知识和论证知识——直观和概念，特别是两者的区别——知识之逻辑的完备和感性的完备

我们的一切知识都具有**双重**关系：**其一**与**客体**有关，**其二**与**主体**有关。着眼于前者，知识与**表象**相关联；着眼于后者，知识与作为一般知识的普遍条件的**意识**相关联。（其实意识也是表象，是在我之中的另一种表象。）

在每种知识中，都必须区别开**质料**，亦即对象，和**形式**，亦即我们认识对象的方式。野蛮人看到远处的一座房子，却不知道它的用途，他在自身的表象中所具有的，和另一个明确知道房子是为人

A41 们设置的住宅的人所具有的，正是同一客体。然而从形式方面看，同一客体的知识在两者中是有区别的。在野蛮人那里，这种知识是**单纯的直观**，而在另一个人那里则同时是**直观**和**概念**。

知识形式上的区别，以伴随一切认识的条件——**意识**——为依据。如果我意识到我的表象，它就是**清楚的**；如果我不曾意识到，它就是**模糊的**。

因为意识是一切知识的逻辑形式的本质条件，所以逻辑能够、并且需要研究清楚的表象，而不研究模糊的表象。在逻辑学中，我们看不到表象是怎样发生的，而只能看到表象是怎样与逻辑形式相一致的。一般说来，逻辑学可以完全不讨论单纯的表象及其可能性。它把这样的工作留给形而上学去做。逻辑自身只在一切思维借以发生的概念、判断和推理中，研究思维的规律。当然，早在

表象成为概念以前，就有某种东西发生了。我们也将指出它所在的地方。但是我们却无法探究表象是怎样发生的。逻辑学也讨论知识，因为在知识中思维已经发生了。知识永远以表象为前提，但表象还不是知识。表象也不是可以完全说明的，因为永远必须通过另一表象来说明什么是表象。 A42

逻辑规律只能应用于一切清楚的表象，它们有明晰和不明晰的区别。如果我们意识到我们的整体表象，却没有意识到其中所包含的杂多，那么这个表象就是不明晰的。先用直观中的例子来说明这一点。

我们瞥见远处的一所农舍。如果我们意识到这一直观对象是一所房子，那么我们必定也具有这所房子各部分——窗、门等等——的表象。因为如果看不到诸部分，也就看不到房子本身。但是我们没有意识到这个表象各部分的杂多，因此我们关于上述对象本身的表象，就是一个不明晰的表象。

此外，美的概念也可用作概念中不明晰的例子。关于美，人人都有清楚的概念。但是出现在这个概念里的是种种不同的特征，其中，若美就必须：1）属于某种感觉，以及 2）普遍令人愉快。如果 A43
我们不能将美的这种和那种特征的杂多互相分开，我们关于美的概念就永远是不明晰的。

沃尔夫派学者把不明晰的表象叫做混乱的表象。但是这种表达并不恰当，因为混乱的反面不是明晰而是秩序。明晰是秩序的效果，不明晰是混乱的效果，所以每一混乱的知识也是不明晰的知识。但是这个命题反过来是不成立的，并非一切不明晰的知识都是混乱的知识。因为在不存在杂多的知识中无秩序可言，但也没有混乱。

这种情形同一切不能变得明晰的简单表象一样，不是因为在其中遇到了混乱，而是因为在其中看不到杂多，因此必须称之为不明晰的，却不能称之为混乱的。

甚至在复合表象（其中特征的杂多可以区别开来）那里，不明晰也常常不是来自混乱，而是来自意识的鲁钝。某物就形式而论可以是明晰的，就是说，我能够意识到我的表象中的杂多；但是，如
A44 果意识的程度变得微弱、那么就质料而论明晰便减低了，虽说这时一切秩序还是存在的。伴随抽象表象的情形就是如此。

明晰本身可以有两种。一种是感性的明晰。这种明晰在于对直观中杂多的意识。例如，我仰望宛如一条白色光带的银河，光带中诸星的光线必射入我的眼睛。这样的表象只是清楚的，通过望远镜才变得明晰，因为这时我才窥见包含在银河光带中的各个星辰。

另一种是理智的明晰，即概念中的明晰或知性明晰。理智的明晰建立在对杂多（这种杂多包含在概念中）的概念分析上。例如，包含在德行概念中的特征有 1）自由概念，2）执著于规律（义务）的概念，3）克制好恶（假如这好恶违反德行规律）的概念。如果我们将德行概念这样分解为它的各成分，那么，通过这种分析，我们就使它成为对我们明晰的概念。但是，明晰化本身不是对于概念有所添加，而只是对于概念的解释。因此在明晰中，不是就质
A45 料，而是就形式而言，概念才被改进了。

如果思索一下我们关于感性和知性（知识由它们产生）这两种具有本质区别的基本能力的知识，我们就会见到直观和概念的区别。从这个观点来看，我们的一切知识或者是直观，或者是概念。

前者以感性——直观的能力——为其源泉，后者以知性——概念的能力——为其源泉。知性和感性的逻辑区别就是这样，根据这种区别，感性只能提供直观，知性只能提供概念。当然，两种基本能力也可以从另一方面来观察，用其他方式来定义，即：感性是感受的能力，知性是自发的能力。这种说明方式不是逻辑的，而是形而上学的。通常把感性称为较低级的能力，而把知性称为较高级的能力，这是因为感性仅提供思维的材料，知性则整理这种材料，将它们置于规律和概念之下。

知识的感性完备与逻辑完备的区别，基于上述直观知识与论 A46
证知识的区别或直观与概念的区别。

知识的完备，可以或者从感性法则来讲，或者从知性法则来讲。前一种是感性的完备，后一种是逻辑的完备。感性的完备和逻辑的完备是两种不同的完备；前者与感性有关，后者与知性有关。知识的逻辑完备以其与客体相符合为根据，因之以普遍有效的法则为根据，从而是就先天的标准来判断的。感性的完备在于知识与主体相符合，基于人的特殊感性。因此，在感性的完备中没有客观的和普遍有效的法则。就后一种法则而论的完备，是先天地以对一切思维着的一般存在者普遍适用的方式来判断的。此外，只要也有感性的普遍法则，这种法则虽然并非客观地对一切思维着的一般存在者有效，却对于全人类有效，就也可以设想一种感性的完备，它包含着主观的普遍愉快的根据。这就是美。美是在 A47
直观中产生快感的东西。因为直观的法则是感性的普遍法则，所以能够有普遍令人愉快的对象。

由于与感性的普遍法则相一致，所以从方式上讲，真正的、独立的美(其本质在于单纯的形式)区别于快适,快适只对由刺激或触动而产生的感觉有所喜好,因而只能是一种个人愉快的根据。

在一切完备中,这种本质的感性完备是与逻辑的完备相容的,并且可以与逻辑的完备极好地结合起来。

从这方面来看,与逻辑上完备的那种本质的美相关的感性完备,可以是有益的。另一方面,感性的完备对于逻辑的完备又是有害的,只要我们在感性的完备中只看到非本质的美,即在单纯感觉中产生快感的有刺激性的或动人的东西,它不涉及感性的单纯形
A48 式,而涉及感性的质料。在我们的知识和判断中,刺激和触动最能败坏逻辑的完备。

一般说来,在我们知识的感性完备和逻辑完备之间,当然留存着一种不能完全排除的争执。知性愿意受教,感性希望生动;前者要求了悟,后者要求可把捉性。如果知识要教授,则它们必须是有根据的;如果知识同时要供人消遣,则它们必须也是美的。如果某一演讲美而浅薄,它便只能取悦于感性,却不能取悦于知性;反之,如果一演讲言之成理,但干燥无味,就只能使知性称心,而不能使感性喜爱。

然而,由于人类天性的需要和知识通俗的目的要求我们设法使两种完备互相结合,所以我们必须着手对一般能有感性完备性的知识提供这种完备性,并且通过感性形式使规律井然、逻辑上完备的知识通俗化。当我们致力于在知识中,把感性的完备与逻辑
A49 的完备结合起来的时候,一定不要忽视下列规则,即:1)逻辑的完备是一切其他完备的基础,因而绝不允许从属于其他完备或者被牺牲掉;2)最重要的是要看形式的感性完备——知识与直观法则

的符合——,因为本质的美正在于使它极好地与逻辑的完备相结合;3)对于刺激和触动——知识通过它们影响感觉,并产生对同一感觉的兴趣——必须特别谨慎,因为这容易将注意由客体引向主体,从而显然会对知识的逻辑完备产生很不利的影响。

为了使知识的逻辑完备和感性完备的根本区别不仅一般地,而且在若干特殊方面成为可识别的,我们想就量、质、关系和样式四个主要环节(知识的完备性判断视它们而定),对两者作一相互比较。

一种知识1)如果是普遍的,则它在量的方面是完备的;2)如果是明晰的,则它在质的方面是完备的;3)如果是真实的,则它在关系方面是完备的;最后4)如果是确定的,则它在样式方面是完备的。 A50

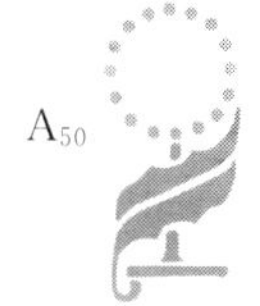

从所提到的观点来看,一种知识如果具有客观的普遍性(概念或规律的普遍性),则是量上的逻辑完备;如果具有客观的明晰性(概念上的明晰性),则是质上的逻辑完备;如果具有客观的真理性,则是关系上的逻辑完备;最后,如果具有客观的确实性,则是样式上的逻辑完备。

这些逻辑的完备性与下列有关那四个主要环节的感性的完备性相应,即:

1)感性的普遍性。这种普遍性在于知识对一些客体的适用性,这些客体是用作例证的,知识可以应用于这些例证,借以实现通俗化目的。

2)感性的明晰性。这是直观上的明晰性,抽象地想到的概念通过例子在直观中具体地展示或解释。

A51 3)感性的真理性。一种单纯主观的真理性,这种真理性在于知识与主体及感性外观的法则相一致,因而不外是一种普遍的外观。

4)感性的确实性。这种确实性以必然为感官所确证的东西为根据,也就是以通过感觉和经验来证实的东西为根据。

在刚才述及的完备性中,总是出现两个方面——它们在和谐的结合中构成一般完备性——,即杂多性和统一性。概念的统一性存在于知性中,直观的杂多性存在于感性中。

没有统一性的单纯杂多性不能使我们满足。在一切完备性中,真理性是首要的,因为真理是我们的知识由以与客体相关联的统一性的基础。甚至在感性的完备性中,真理也始终是 die conditio sine qua non[①],是最主要的消极条件,缺少它,某物就不能普遍地受到赞赏。因此,不以逻辑的完备性作为知识的根据,就不要指
A52 望可以在美的科学中前进。实际上,天才的特性和艺术便显示在——兼顾教授和消遣的知识的——逻辑的完备与感性的完备的最大可能的协调中。

VI 知识的特殊的逻辑完备性

A)就量来看的知识的逻辑完备性——量——外延量

① 意即:“必不可少的条件”。——译者

和内涵量——知识的广泛性和彻底性或重要性和丰富性——我们知识的视野规定

知识的量可以从两方面来理解：或者作为外延量，或者作为内涵量。前者就知识的范围而言，因而在于知识的众多性和杂多性；后者就知识的内涵而言，与知识的多效性或重要性和丰富性有关，只要这种知识被视为许多重要结果的根据（non multa，sed multum①）。

在扩充或完善我们的知识的时候，就知识的外延量估算一下知识与我们的目的和能力协调一致的程度是有益的。这种考虑涉及我们知识的视野规定，同主体的能力和目的相适合的全部知识的量，是要在这一视野之下来理解的。 A53

这种视野可以

1）逻辑地按照与知性的兴趣相关的能力或认识力量来规定。这里我们要判断：在我们的知识中，我们能够达到何处，在那里我们必须走多远，从逻辑的角度看，某些知识在什么程度上用作达到——作为我们目的的——这种或那种主要知识的工具；

2）感性地按照与情感的兴趣相关的鉴赏来规定。一个人若是感性地规定他的视野，他就是试图按照公众的口味来处理科学，亦即使之通俗化，或者一般只谋求这样的知识，这种知识可以普遍传达，不学无术阶级也可以从中找到乐趣；

3）实践地按照与意志的兴趣相关的利益来规定。实践的视

① 意即："不在多，而在精"。——译者

野，假如它是按照一种知识对我们伦常的影响来规定的，它就是实
A54 用的和极为重要的。

因此，知识的视野涉及对下列问题的判断和规定：人能够知道什么？他可以知道什么？他应该知道什么？

特别是关于理论地或逻辑地规定的视野——此处我们只讨论这点——，我们可以或者从客观的观点考察，或者从主观的观点考察。

关于客体，视野不是历史的，就是理性的。前者比后者广阔得多，历史的视野甚至无限大，因为我们的历史知识是没有界限的。与之相反，理性的知识则可以固定，例如，可以确定数学知识不能扩展到哪类客体上。哲学的理性知识也是这样，先天理性脱离一切经验又能走多远。

关于主体，视野不是普遍的、绝对的，就是特殊的、有条件的（个人视野）。

绝对的和普遍的视野，是指人的知识界限与全人类的一般完
A55 备性完全相同。这里的问题是：作为人类一般的人能知道什么？

个人视野的确定依赖种种经验条件和特殊方面，如年龄、性别、地位、生活方式等等。因此，人类各阶级就其特殊的知识力量、目的和观点而言，都有其特殊的视野。每个人依其力量和观点的个别标准，也都有他自己的视野。最后，我们也可以设想健全理性的视野和科学的视野，后者还需要一些原理，以便据以确定我们能知道什么和不能知道什么。

超出我们视野的我们不能知道；在我们视野之外的，我们不可

以知道或无须知道。在涉及这一或那一特殊的个人目的的时候，后一种情况只能是相对的。某些知识不仅无助于达到这些目的，甚至会对它们发生障碍。虽然我们并非总能了解知识的用途，但没有知识无论如何都是毫无裨益的。因此，倘若智能平庸之辈追 A56
问知识有什么用，便是对那些勤勉致力于科学的伟人们的一种不明智、不公正的非难。人们在从事科学的时候，必然会不止一次地提出这个问题。假如科学可以给任何一种可能的客体以启示，那么仅此一点，它就足以是有用的了。各种逻辑上完备的知识总有某一可能的用途，虽然这种用途我们迄今尚不得而知，但也许能被我们的后代发现。如果在科学文化中老是注重物质利益，注重实用，我们就不会有算术和几何学。此外，我们的知性也是这样设置的，以致它在单纯的了悟中得到的满足，比在由这种了悟产生的用途中得到的满足还要多。柏拉图已觉察到这点。人在这时方感觉到他自己的优越，感觉到什么叫有知性。没有感觉到这一点的人必然会妒羡动物。知识通过逻辑的完备性而具有的内在价值，是它在应用中具有的外在价值所无法比拟的。

就像在我们视野之外的东西（就我们的意图看，对于我们是一 A57
种多余的东西）可以不知道那样，在我们视野之下的东西（有损于我们的东西）不应当知道。这两者都只能在相对的意义上，而不能在绝对的意义上去理解。

关于我们知识的扩展和划界，下列规则是可推荐的：

1）虽然人们老早就要规定其视野，但无疑地只有到了本身有能力这样做的时候才能办到，而这在 20 岁以前通常是不会发生的；

2)不要轻易和经常地改变视野(不要由一视野转入另一视野);

3)不要根据自己的视野去度量别人的视野,不要认为对**我们**没有用的东西就是无用的,要规定别人的视野是鲁莽的,因为不能足够地认识别人的才能和意图;

4)视野既不要过于扩展,也不要过于限制。想知道过多的人,
A58 结果会一无所知。反之,相信许多事物与他毫不相干的人,常常骗了自己,一如哲学家相信历史对他来说是多余的。

人们也试图

5)预先规定全人类(就过去和未来的时代而言)的绝对视野,特别是

6)规定我们的科学在全部知识的视野中所占的地位。作为诸科学的一览表的普通百科全书就是为此服务的。

7)在规定特殊视野的时候,人们要细心考察一下自己:对知识的哪一部分最有才干并感到愉快;就某些义务而言,或多或少必需的是什么;什么东西与必然的义务不能共存;最后

8)人们对于其视野所不断尝试的总是扩展多于缩减。

一般说来,不必忧虑达兰贝所担心的知识的扩展。因为困扰我们的不是重负,而是我们知识的空间容积的缩小。理性的批判,历史的批判和历史的著作,涉及人类知识大体而非单纯细节的普
A59 遍精神——这一切并没有使内容减少,却将不断地使范围缩小。从金属上脱落下来的只是渣滓或前此尚必要的粗劣外壳、表皮。随着自然史、数学等等的扩展,新的方法将被发现,这些方法简化了旧的,使大量书籍成为多余。以这种新方法和原理的发明为根

据，我们就能不使记忆负担过重，借以随己所愿地发现一切。因此，像天才那样对历史作出贡献的人，是以能够永存的观念去理解历史的。

就其范围而论，知识的逻辑完备性与无知相对立。由于知性的限制，**消极的**不完备性或**贫乏的**不完备性与我们的知识不可分离。

我们可以从**客观的**和**主观的**观点来考察无知。

1）从客观的观点看，无知或者是**质料的**，或者是**形式的**。前者
在于历史知识的贫乏，后者在于理智知识的贫乏。人们对于任何 A60
学科都不会全然无知，而为了更多地致力于理智知识，人们当然能够限制历史知识，或者相反。

2）在**主观的**意义上，无知或者是学问、**科学上的**无知，或者是**普通的**无知。明晰地洞见到知识的限制，因而洞见到限制由以开始的无知领域的人，譬如一个哲学家，看到并证明由于缺乏必要的资料，人们对于金的构造所能知道的多么少，这是就技艺规律或某种学问而言的无知。反之，一个人见不到无知界限的根据，因而对此漠不关心，其无知便是普通的，而非科学上的。这样的人从来不知道他的无知，因为不通过科学，人们就不能表象其无知，正如不使盲者复明，就不能表象黑暗一样。

知其无知以科学为前提，同时又使人谦逊；相反地，想象的知则趾高气扬。所以苏格拉底的无知是一种值得颂扬的无知，实际
上是自认其无知的知。对于那些占有很多知识，却对他们不了解 A61
的东西表示惊异的人，无知的责难倒也不能适用。

对于超越我们知识视野的事物，无知通常是**无可责备的**(inculpabilis)；在我们知识能力的思辨使用方面，无知是可以**允许的**(尽管只是在相对的意义上)，只要这里对象虽然**并非超越**我们的视野，却在我们的视野**之外**。然而对于那些很有必要而又容易知道的事物，无知则是**可耻的**。

不知道某物和**不理睬**亦即**不注意**某物，两者是有区别的。对于许多知之对我们有害的东西，不理睬它们是适宜的。**抽象**又区别于这两者。当人们对一种知识的应用置之不顾时，便抽出这种知识，借以抽象地获得它，以便能够普遍地将其作为原理，更好地考察它。在认识事物时，将不属于我们意图的东西加以抽象，这是有益的、值得称赞的。

理性教师在历史方面通常是无知的。没有确定界限的历史的
A62 知是**广史**，这是吹牛皮。**博学**涉及理性知识。无确定界限的广泛的历史的知和理性的知，两者可称**全知**。学问广博的工具科学——**语言学**，属于历史的知，它自身包括书籍和语言(文学和文法学)的批判知识。

单纯的广史是**独眼巨人**(缺少一只眼睛——哲学的眼睛)式的广博。数学家、历史学家、博物学家、语言学家和语法学家都是这类独眼学者，他们在上述诸方面各有所长，但都把哲学视为多余。

人文学(人们在其中了解古人的知识)构成语言学的一部分，它提倡**科学与鉴赏相结合**，提倡去粗取精及**人道**存在于其中的长于交际和温文尔雅。

在按照古人的典范服务于鉴赏文化方面，人文学作出一种指示。例如，古典作家的辩才、韵文、博贤等等皆属此类。所有这些人文主义知识都可算作语言学的实用部分，其目的首先在于鉴赏教育。但是，如果我们把单纯的语言学家同人文学者分开，那么两者间的区别在于：在古人那里，前者探求博学的工具，后者则探求 A63
鉴赏教育的工具。

美文学家(bel esprit)是仿照活语言中的当代典范的人文主义者。因此，这种人不是学者——因为目前只有死语言是学术语言——，而是文艺涉猎者，其鉴赏知识只是追逐时髦，无须效法古人。人们可称之为人文主义者的猴子。广史学者作为语言学家必须是文法学家和文学家，而作为人文主义者，他必须是古典作家及其注释者。作为语言学家他是有文化的，作为人文主义者他是文明的。

科学上有两种流行的鉴赏堕落，这就是迂腐和浮华。前者仅为学派而研究科学，因此将科学限制在应用方面；后者仅为交际或世俗而研究科学，因此将科学限制在内容方面。

迂腐的学究或者被视为与俗人相反的学者——在这种情况下，是缺少世俗知识，即缺少将科学传授于人的方法知识的傲慢学者——，或者虽一般被视为有才干之人，却只是就形式，而不是就 A64
本质和目的而言。在后一种意义上，迂腐的学究是形式的撮取者，就事情的核心而言，其局限在于只注意外表。这种人是对有计划头脑的失败模仿或讽刺画。所以，人们可以把学究气称为形式上无谓的拘谨和无用的严密(拘泥琐细)。这种学派外的学派方法的形式的东西，不仅在学者和有学问之人中间，而且在其他阶层、其他事物中也能遇到。交际中的宫廷礼仪除了是形式上的猎逐和撮扯，难道还是别的什么吗？在军人中间不完全如此，虽然看来是这样。但是在言谈、衣着、饮馔和宗教中，则经常流行许多迂腐的学究气。

形式上适当的严密是彻底（规律井然的学术完备）。学究气则是一种矫揉造作的彻底，正如浮华——作为鉴赏上哗众取宠的情妇——是一种矫揉造作的通俗一样。因为浮华只是力图博得读者的厚爱，从不用费解的言辞冒犯读者。

A65 避免学究气，这不仅是科学本身，而且是有关科学应用的广泛知识所要求的。因此，只有真正的学者才能摆脱学究气，而学究气则总是狭隘头脑的属性。

在致力于使我们的知识获得学术的彻底完备性，同时又获得通俗性，而不致陷入上述矫揉造作的彻底或矫揉造作的通俗错误的时候，我们首先必须注视我们知识的学术完备性——彻底的、规律井然的形式——，然后才留意于使我们在学校中学得的系统知识真正通俗化，即：使知识怎样才对别人如此易于普遍传达，以致确实不会由于通俗而挤掉彻底。一定不能为了公众称心的通俗完备，而牺牲学术完备。缺少后者，一切科学都不过是玩具和游戏。

但是，为了学习真正的通俗，必须阅读古人，例如阅读西塞罗的作品，阅读贺拉西、弗尔基等诗人；在近代人中，休谟、莎夫特斯
A66 勃利等人，他们同高雅的社会有过多方面的交往，没有这种交往，就不能有通俗。因为真正的通俗要求许多有关世界和人的实践知识，要求人的概念、鉴赏和爱好的知识。叙述乃至适当表达的选择，言辞庄重的通俗，都经常要考虑到这些知识。对于公众理解力

和习惯表达的这种俯就，不是把学术的完备性置于脑后，而只是给思想披上外装，使人看不到支架(那种完备性的有规律的和技术性的东西)，就像用铅笔画线，在线上书写，尔后将线涂掉一样。事实上，知识的这种真正的通俗完备性是一种伟大的和罕见的完备性，表现出对于科学的多方面了解。除了许多其他功绩之外，这种完备性还有一种功绩，即：它能提供充分了解事物的证明。因为对知识的单纯学术的检查还残留着怀疑：这种检查是否没有片面性？是否知识本身也还有一种为全人类所公认的价值？学派具有和普通知性一样的偏见。在这里，一种偏见改进了另一种偏见。因此，重要的是将知识拿到那些不依附于任何学派的人那里去检验。

可以把知识的这种完备性(通过它知识得以畅行无阻地普遍 A67
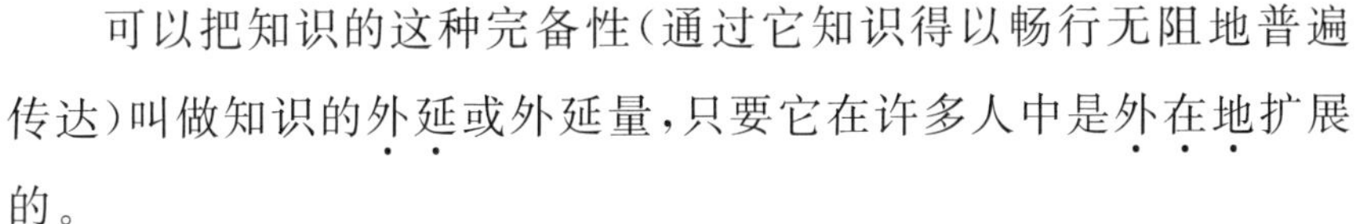
传达)叫做知识的**外延**或外延量，只要它在许多人中是**外在地**扩展的。

因为有既多且杂的知识，所以要制订一个计划，据以整理诸科学，使之极好地符合计划目的，为增进科学作出贡献。一切知识都存在于相互间的某种自然的联结中。在扩展知识时，如果不注意它们的这种联系，那么一切博学都无非是单纯的**史诗之吟诵**。但是，如果把一种主要科学当作目的，而把一切其他知识仅看作达到主要科学的手段，那么，人们就把某种系统性质带进其知识。为了在扩展知识时按照这样一种秩序适中而合乎目的的计划工作，必须设法学会懂得知识相互间的那种联系。为此，科学的**建筑学**所给予的引导是一种**观念的体系**，在这种体系中，**科学的亲和力和系** A68

统联结是在为人类所感兴趣的知识全体中被观察的。

特别是关于知识的内涵量，即知识的内涵或知识的多效性和重要性，如我们上面提到的，由于它本质上区别于知识的外延量，即知识的单纯广泛性，我们想对此再作如下略述：

1)在知性的使用上，与量，也就是与全体有关的知识，区别于小中的精细(拘泥琐屑)。

2)促进逻辑完备(就形式而论)的任何知识，如任何数学命题，任何明晰地了解的自然法则，任何正确的哲学说明，称为逻辑上重要的。实践的重要性不能预见，而必须等待。

A69 3)不能将重要混同于艰难。一种知识可以是艰难的，却不重要，反之亦然。因此，无论是赞成还是反对一种知识的价值和重要性，都不取决于艰难。知识的价值和重要性以结果的重大性和众多性为根据。知识所具有的结果越多越重大、知识越是可以多使用，它就越是重要。无重要结果的知识叫无谓的玄思。例如，经院哲学就是如此。

VII

B)就关系来看的知识的逻辑完备——真理——质料的和形式的或逻辑的真理——逻辑真理的标准——虚妄和错误——作为错误泉源的假象——避免错误的方法

知识的主要完备，乃至知识之一切完备的基本和不可分离的条件是真理。人们说,真理在于知识与对象的一致。依照这话的单纯字面解释,我的知识要作为真理,就应该与客体一致。但是,我之认识客体,只能是由于把客体同我的知识相比较。因此,我的 A70
知识应当自身证实,可这还远不足以成为真理。因为既然客体在我之外,而知识在我之内,那么我能够判断的毕竟只是:我的客体知识是否同我的客体知识相一致。解释上的这样一个圆圈,古人称循环论证。实际上,怀疑论者就总是责备逻辑家们有这种缺点,他们说,如果有人在法庭上作出供述,对此需传唤一个无人认识的证人,后者断言,既然传唤他做证人,他便是诚实的人,想以此使自己值得信任,那么,这和对真理的那种解释正处于同样的情况。非难当然是有理由的,不过上述任务的解决对任何人都是绝不可能的。

此处即是要问:是否并且在何种程度上有一种确实可靠的、普遍的、适于应用的真理标准?这意味着什么是真理的问题。

为了能够决定这个重要问题,我们必须把我们知识中属于质料的、与客体相关的东西,同与单纯形式、作为形式的条件相关的东西(缺少它知识绝不会成为一般知识)区别开来。着眼于我们知 A71
识中客观的质料的和主观的形式的关系之区别,上述问题分为两个特殊问题:

1)有普遍的、质料的真理标准吗?以及

2)有普遍的、形式的真理标准吗?

普遍的、质料的真理标准是不可能的,甚至是自相矛盾的。因为作为普遍的、对一切一般客体都有效的标准,必须将这些对象的一切区别全部抽掉,然而质料的标准恰恰与这种区别有关,以便能够确定，知识是否刚好同与之相关的客体（而不是同实际上绝无可言的任何一般客体）相一致。质料的真理就在于知识同与之有关的确定客体的这种一致。因为对于一种客体是真实的知识，对于
A72 其他客体却可以是虚妄的。因此，要求普遍的质料的真理标准（这种标准既抽掉同时又不应抽掉客体的一切区别）是不合理的。

如果问题是就普遍的形式的真理而言，那就容易断定，类似的标准确实可能有。因为形式的真理仅在于知识（在将所有一切客体连同客体的一切区别完全抽掉的情况下）与自身相一致。

所以，真理的普遍的形式标准无非是知识同它本身，或者说——这是一样的——，同知性和理性的普遍法则相一致的这种普遍的逻辑特征。

这种形式的普遍标准尽管对于客观真理尚不充分，却仍可视为该标准的 die conditio sine qua non[①]。

因此，在“知识是否同客体相一致？”这个问题之前，必须先问：知识是否同自己本身（就形式而言）相一致？这是逻辑的事情。

逻辑中真理的形式标准是：

1）矛盾律；

A73 2）充分根据律[②]。

知识的逻辑可能性通过前者来确定，知识的逻辑现实性通过后者来确定。

属于知识的逻辑真理的，即

---

① 意即“必不可少的条件”。——译者

② “充分根据律”即德文的 der Satz des zureichenden Grundes。也译“充足理由律”。——译者

首先，它是逻辑地可能的，也就是**不自相矛盾的**。这一**内在的**逻辑真理标记仅仅是**消极的**，因为自相矛盾的知识固然是虚妄的，但不自相矛盾的知识并非总是真的。

其次，它是**逻辑地有根据的**，就是说，它 a)是有根据的，并且 b)没有虚妄的结论。

这第二种关于知识与根据和结论的逻辑联系的**外在的**逻辑真理标准，或知识的理性标准，是**积极的**。在这里，下列规则是有效的：

1)由**结论的真理**可推论**作为根据的**知识的真理，但只是**消极地**推论：若由一知识产生出虚妄的结论，则这知识本身就是虚妄的。若根据真，则结论也必真，因为结论是由根据来规定的。 A74

然而人们却不能相反地推论：若由一知识产生不出虚妄的结论，该知识便是真的，因为从一种虚妄的根据也可引出真的结论。

2)**如果一知识的一切结论都是真的，则这知识也是真的**。只要知识中有某种虚妄，就必定也会产生虚妄的结论。

虽然可由结论推论一种根据，但是不能规定这种根据。唯有从一切结论的全体中才能推论出**一种规定了的根据**，即推论出该根据是真的。

前一种推论方式——按照这种方式，结论只能是知识真理的一种**消极**和**间接的**充分标准——在逻辑中叫做**间接推断法**（modus tollens）。

这种常用于几何学的方法有一优点，即为了证明一知识的虚妄，我只需从其中引出一个虚妄的结论。例如，要证明地球不是平的，不必提出积极的、直接的根据，只需间接地证明，间接地这样推 A75
断：如果地球是平的，则北极星必总是同样高；但情况并非如此，所以地球是不平的。

在另一种积极的直接推断法(modus ponens)中便遇到困难，即无法确凿无疑地认识结论全体，因而通过前述推论方式，只能引向一种或然性的假设性的真知识(假说)，根据这种假设，因为有许多结论是真的，所以其余一切结论也可能是真的。

因此，我们这里将能提出三条原理，作为真理的普通的、单纯形式的或逻辑的标准。这些原理是：

1)矛盾律和同一律(principium contradictionis und identitatis)，一知识的内在可能性由此律而被规定为或然判断；

2)充分根据律(principium rations sufficientis)，一知识的(逻辑的)现实性就倚靠这条原理，即：作为实然判断材料的知识是有根据的；

3)排中律(principium exclusi medii inter duo contradictoria)，一知识的(逻辑的)必然性就根据这一原理，即：对于必然判断来说，必须这样而不是那样去判断，也就是说，反面是虚妄的。

A76

真理的反面是虚妄，虚妄被认作真理，称为错误。错误的判断——无论错误还是真理都仅存在于判断中——，是把真理的假象同真理本身混淆了的判断。

真理如何可能？这是容易看出的，因为在这里，知性遵循其基本规律行动。

但是错误(在这个词的形式意义上)，亦即思维的反知性形式如何可能？这却难于了解，就像一般不能了解任何一种能力怎么会背离它自身的基本规律那样。我们不能在知性本身和知性的基本规律中去寻找错误的根据，也不能在知性的限制中去寻找。虽说无知的原因存在于后者中，但错误的根据却不可能存在于其中。A77 如果除了知性之外，我们再别无知识能力，我们就永远不会犯错误。然而在知性之外，我们还有另一种不可缺少的知识源泉，这就是感性。感性给我们思维以材料，并遵循与知性不同的规律发生作用。但就其本身来看，感性也不能产生错误，因为感官完全不能判断。

因此，必须单单在感性对知性的未被觉察的影响中，或者确切些说，在感性对判断的影响中，去寻找一切错误发生的缘由。正是这种影响使我们在判断中，把单纯主观的根据当作客观的根据，从而把真理的单纯假象与真理本身相混淆。假象的本质，假象之被视为根据的理由，恰恰在于把虚妄的知识当作真的。

所以，使错误成为可能的是假象，在判断中，单纯主观的东西按照假象被混同于客观的东西。

在某种意义上，人们也可以使知性成为错误的肇事者，只要他缺乏对于感性的那种影响的注意，听任由此而产生的假象引诱，把 A78 判断的单纯主观的规定根据，误认作客观的，或者把仅就感性法则来看是真的东西，当成就知性本身的法则来看的真东西。

所以，只有无知才归咎于知性的局限，我们把错误归咎于我们本身。虽然有许多知识自然界都拒绝给予我们，使我们对某些东西陷于不可避免的无知，但自然界却不能造成错误。把我们引向错误的是我们所特有的判断和决定的偏好，而由于我们的限制，在这些地方我们又没有能力去判断和决定。

但是人类知性能够陷于其中的一切错误，都只是部分的，在每一错误的判断中必定总存在着某种真东西。因为完全错误是同知性和理性规律全然冲突的。这样的错误怎么会以任何一种方式来自知性,而——只要它确属判断——被视为知性的产物呢!

A79 着眼于我们知识中真实的东西和错误的东西,我们将精确的知识同粗糙的知识区别开来。

适合于客体的,或者同客体毫无差错的知识是精确的;其中可能有错误而无碍于目的知识是粗糙的。

这种区别关系到我们知识的较宽或较严的规定(cognitio late vel stricte determinata)。起初,在较宽的范围,特别是在历史事物中规定知识(late determinare),有时是必要的。但是在理性知识中,一切都必须严格地(stricte)规定。据说,在较宽规定的情况下,知识是 praeter propter[①] 规定的。是否应该粗糙地或精确地规定,总是取决于知识的意图。较宽的规定迄今仍为错误留有余地,但是错误可能有其确定的界限。错误尤其发生在较宽规定被认作严规定的地方,譬如发生在一切都需要严格规定的道德事情中。不严格的人被英国人称为放任豁达者。

A80 人们还可把作为知识的主观完备性的精细,同作为知识的客观完备性的精确——在这里知识同客体完全相合——相区别。

当人们在事情的一种知识中发现其他注意力通常觉察不到的东西时,这种知识是精细的。精细的知识需要较高的注意力和智力较大的耗费。

许多人责难一切精细,是因为他们达不到精细。但是精细本

① 近似地。——译者

身对于知性总是光荣，甚至是有功绩的和必要的，只要它被用于一种值得观察的对象。但是，如果以较小的注意和知性努力就可达到同一目的，却使用得更多，那就在进行无用的耗费而落入精细，这样的精细虽然困难，但却无用（nugae difficiles）。

就像**粗糙**与精确相对立那样，**草率**与精细相对立。

由错误（如我们所提到的，包含在这个概念中的，除了虚妄之
外，还有作为本质特征的真理的假象）的本性，为我们知识的真理 A81
产生出如下重要规则：

错误至少并非绝对或无条件地**不可避免**，虽说**某些情况下**——在这些情况下，判断本身对于我们不可避免地有陷入错误的危险——可以有错误。所以为了避免错误，必须设法揭示和说明错误的源泉，设法揭示和说明假象。哲学家这样做过的极少。他们只试图驳斥错误本身，而不去指明错误所由产生的假象。同直接反驳错误本身相比，对假象的这种揭示和消除是对真理的更大得多的贡献。直接反驳错误，并不能堵塞错误的源泉，也不能预防同一假象，因为不认识假象，在其他场合就会重被引向错误。即使我们确信我们错了，假如构成我们错误基础的假象本身不去掉，便仍然留有疑虑，更不能对错误提出什么纠正。

此外，通过对假象的解释，也可以公平地对待错误。无人承认
他在没有真理的任何假象（假象或许可以欺骗甚至有洞察力的人， A82
因为这涉及主观的理由）的情况下，会犯错误。

如果假象对于普通知性（sensus communis）也是明显的，则称其错误为**无聊或不合理**。斥之为荒谬总是一种必须避免的个人指

责，特别是在反驳错误的时候。

对于持不合理主张的人，甚至连构成这种明显虚妄基础的假象，也是并不明显的。必须首先使假象对于这样的人明显起来。如果在这以后他还是固执己见，那么，他自然是无聊的了，以后和他也就没有什么可说的了。他已从而使自己没有能力、也不配对待进一步的指正和反驳。人们毕竟无法向一个人证明他是不合理的，在这里讲任何道理都是徒劳。如果人们证明了不合理，那就不再是同执谬的人打交道，而是同有理智的人打交道了。但是这里没有必要去揭示荒谬(deductio ad absurdum)。

也可以把无聊的错误称为没有什么(甚至连假象也不)能为之辩护的错误，如同粗糙的错误是那种证明对普通知识的无知，或违反通常注意力的错误一样。 A83

56

原理中的错误，要比在原理应用中的错误更大。

真理的外在特征或外在试金石，是我们自己的判断同他人判断的调和，因为主观的东西不是以同样方式寓于其他一切人那里的，于是假象也能由此得以解释。所以，他人判断与我们判断的不相容，是被当作错误的外在特征，或检查我们判断方法的暗示来看的，但是不能因此就立即抛弃我们的判断。因为人们或许可能在事情上是正确的，而只是在方法上，亦即在陈述方面不恰当。

要揭示知性非自然使用的缺点，普通人的常识(sensus communis)本身也是一种试金石。这就是说，当人们用常识来考验理性的思辨使用中的判断的正确性时，即是通过常识来指引思维或理性使用中的方向的。

一般说来，避免错误的普遍规则和条件是：1）自己思维；2）为 A84
别人设身处地地思维；以及3）随时与自己本身相一致地去思维。可以把自己思维的箴言称为**启蒙的思考方式**，把在思维中置身于他人观点的箴言称为**扩展的思考方式**，而把随时与自己本身相一致地思维的箴言称为**一贯的或联贯的思考方式**。

VIII

C）就**质**来看的知识的逻辑完备——**清楚**——一般特征的概念——各种不同的特征——事物的逻辑本质的规定——逻辑本质与实在本质的区别——较高程度的清楚，明晰——感性的明晰和逻辑的明晰——分析的明晰与综合的明晰间的区别

人的知识从知性方面来看是论证性的，这就是说，知识是由表象发生的，表象使那为许多物所共同的东西构成知识的基础，于是
知识便**由**作为这种表象的诸特征发生。所以，我们只能**通过特征** A85
来认识事物，这正是由**辨识**而来的**知识**。

特征是事物中构成该物知识部分的那种东西，或者说——这是一回事——，**是一种部分的表象，只要这种表象被视为全部表象知识的基础**。所以，我们的一切**概念**都是些特征，而一切**思维**无非是由特征来表象的。

任何特征都可从两方面来观察：

首先是作为表象自身；

其次是作为从属的，如一物之全体表象的部分概念，从而作为该物本身的知识基础。

作为知识基础来看的一切特征都有双重的使用：内在的或外在的使用。内在的使用在于推演，旨在通过作为其知识基础的特征去认识事情本身。外在的使用在于比较，只要我们有可能通过诸特征，把一物同他物按照同一性和差异性的规则去比较。

A86 诸特征之间有种种特殊的区别，下列特征的分类就建立在这些区别上：

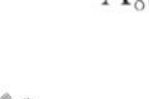

1)分析的或综合的特征。分析的特征是我的现实概念的部分概念(在现实概念中我已想到它们)；反之，综合的特征是单纯可能的全体概念(因而通过许多部分的综合才能产生这样的概念)的部分概念。前者全是理性概念，后者可以是经验概念。

2)同位的或隶属的特征。这种划分涉及它们之间的相继或相属的联系。

同位的特征，是其中每一种都作为事物的直接特征被表象的，而如果事物中的一种特征只有借其他特征才能被表象，则这种特征是隶属的。同位特征结合为概念整体称为集合；隶属特征结合为概念整体称为系列。在前种情况下，同位特征的集合组成概念总体，但这总体在综合的经验概念方面永不能是已经完成的，而是与一条无限的直线相似。

A87 隶属特征的系列在前件或根据方面，将碰到不可解释的概念，这些概念由于其单纯性而不容继续加以分析；反之，该系列就后件或结论说则是无限的，因为我们虽然有最高的类，却没有最低的属。

在同位特征的集合中，外延的或广袤的明晰随着每一新概念的综合而增长；同样地，在隶属特征的系列中，内涵的或深度的明晰随着概念的继续分析而增长。后一种明晰由于必须用于知识的彻底性和联贯性，因而主要是哲学的事情，特别是在形而上学研究中极为提倡。

3）肯定的或否定的特征。我们通过前者来认识物是什么，通过后者来认识物不是什么。

否定的特征用来使我们防止错误。因此，在不可能犯错误的地方，这些特征是不必要的。只有在它们使我们防止我们有可能陷入的严重错误的情况下，它们才是必需的和重要的。例如，关于存在物（如神）的概念，否定的特征就是必需的和重要的。

A88

所以，通过肯定的特征，我们是想理解某物，通过否定的特征——人们可以将所有一切特征都变成否定的——则只是要不发生误解或不陷入错误，从那里是认识不出什么东西的。

4）重要而富有成果的或空洞而不重要的特征。

如果一种特征是很大很多成果的知识根据，则它是重要的和富有成果的；一方面，从它的内在使用、即推演中的使用看，只要它通过这种使用对事物本身认识甚多，它便是充分的；另一方面，从它的外在使用、即比较中的使用看，它是用于认识一物与许多他物的相似，以及一物与许多他物的差异。

此外，在这里我们必须把逻辑的重要性和富有成果性，同实用——有用性和可用性相区别。

5)充分的必然的或不充分的偶然的特征。

足以随时将一物同一切他物区别开来的特征是充分的；否则
A89 就是不充分的，例如犬吠的特征。诸特征的足够性以及它的重要性，只是在相对的意义上来规定的，这涉及由知识所着眼的目的。

最后，必然的特征是那些在被表象的事物中，必定随时可遇的特征。这些特征又称主要特征，与非主要的偶然的特征相对立，后者可以与事物的概念相分离。

但是，在诸必然的特征中，也还有一种区别。

一些必然的特征作为同一物的其他特征的根据而属于事物；相反地，另一些特征则只是其他特征的后果。

前者是原始的和本质的特征(constitutiva，essentialia in sensus strictissimo)；后者称属性(consectaria，rationata)，属性虽然也属于事物的本质，但它们必须从该物的主要部分中推演出来。例如，三角形概念中的三个角，就是从三条边导出的。

A90 非主要的特征也有两种，它们或者涉及事物的内在规定(modi)，或者涉及事物的外在关系(relationes)。例如，可以把学识渊博的特征称为人的内在规定；主人或奴隶则只是人的外在关系。

就同位或隶属而论，一物的一切主要部分全体，或该物诸特征的足够性是本质(complexus notarum primitivarum，interne conceptui dato sufficientium；s. complexus notarum，conceptum aliquem primitive constituentium.)。

但是在这种说明中，我们必须一点也不要想到事物的实在本质或自然本质，这种本质我们无论在何处都洞察不到。因为逻辑既然抽掉了知识的一切内容，也就因此抽去了事情本身，于是这门科学所能涉及的只是事物的**逻辑**本质。后者我们是容易洞见到的。属于逻辑本质的无非是一切谓项的知识，就这种知识而言，客体是**通过其概念**来规定的；并不要求那些谓项的知识属于事物的实在本质(esse rei)，即不要求它依赖那一切属于事物存在的、作为规定基础的东西。如果我们要规定物体的逻辑本质，那就全然 A91
不必在自然界中去寻找事实。我们可以将我们的反思仅仅集中于一些特征，这些特征作为主要部分(constitutiva，rationes)，原始地构成该物体的基本概念。所以，逻辑本质本身无非是**事物的一切必然特征的第一基本概念**(esse conceptus)。

就质而论，我们知识之第一阶段的完备是知识的清楚。第二阶段的完备或较高程度的清楚是明晰。明晰就在于**诸特征的清楚**。

这里，**首先**我们必须把一般逻辑的明晰同感性的明晰区别开来。逻辑的明晰以诸特征的客观的清楚为基础，感性的明晰以诸特征的主观的清楚为基础。前者是由**概念**而来的清楚，后者是由**直观**而来的清楚。因此，后一种明晰在于单纯的生动活泼性和可知解性，因而在于由具体例证而来的单纯清楚（许多东西可以是可知解的，却不明晰；反之，许多东西可以是明晰的，却难于知解，因为这些东西要一直追溯到遥远的特征，而这些特征与直观的联系 A92
只是通过一个长长的系列才可能）。

客观的明晰常常引起主观的模糊，反之亦然。因此，逻辑的明晰往往只能有害于感性的明晰；相反地，借助于例证和比喻（它们并非严格地适宜，而是仅仅按照类推被采用）的感性明晰，则常常对于逻辑的明晰是有害的。此外，例证本来不是特征，不是概念的部分，而是作为直观只属于概念的应用。因此，由例证而来的明晰——单纯的可知解性——，同作为特征的由概念而来的明晰相比，是一种完全不同的明晰。鲜明在于感性的或通俗的明晰与学术的或逻辑的明晰的结合。人们认为，清醒的头脑是有才能对抽象的根本的知识，作出合于常识通晓力的明显表述的。

此外，那特别涉及逻辑的明晰的东西，可称为完满的明晰，只要一切特征一起构成整体概念，一直达到清楚的程度。完满或完

A93 美地明晰的概念，又可以或者就其同位特征全体而言，或者就其隶属特征全体而言。概念外延完满或充分的明晰（也称周详），在于诸同位特征完全清楚。诸隶属特征完全清楚构成内涵完满的明晰——深刻。

也可以将前一种逻辑的明晰称为诸特征清楚的外在完满（completudo externa），将后一种称为诸特征清楚的内在完满（completudo interna）。内在完满只能从纯粹理性概念或任意概念中取得，而不能从经验的概念中取得。

明晰的外延量——当它不过分的时候——称为准确（精确）。周详（completudo）和精确（praecisio）一起构成适度（cognitionem, quae rem adaequat）；知识的圆满的完备（consummata cognitionis perfectio），就在于深刻中内涵适当的知识，与周详准确中外延适当的知识相结合。

A94 如我们所看到的，使清楚的概念成为明晰的，这是逻辑的事

情。问题在于,逻辑用什么方式使之成为明晰的?

沃尔夫派的逻辑学家们都将使一切知识成为明晰的这件事,放在对知识的单纯分析上。但是,并不是一切明晰都建立在对所与概念的分析上。由分析产生的明晰,仅仅涉及我们在概念中已经想到的特征,而绝不涉及作为可能的全体概念的部分加到概念上去的特征。

不是通过分析,而是通过诸特征的综合产生的明晰,是综合的明晰。两种命题间的本质区别在于,〔综合〕造成明晰的概念,〔分析〕使概念明晰。

如果我制造一个明晰的概念,那么我从部分开始,由部分进向整体。这里还不存在现成的特征,通过综合我才得到它们。由这种综合方法产生出综合的明晰,后者将概念之外(纯粹的或经验的)直观中的特征加到我的概念上,扩大了我的概念的内容。数学家和自然哲学家在使概念明晰时,就用这种综合方法。真正数学知识和一切经验知识的全部明晰,都依据知识的这种扩大(通过诸特征的综合)。 A95

但是,如果我使概念明晰,那么通过这种单纯分析,就内容而言,我的知识一点也没有增加。内容还是同一个,只是形式有所改变,这时我只是更好地识别,或以清楚的意识认识到已存在于所与概念中的内容。就像单纯照明一张地图,对地图本身并未加上什么东西一样,通过对所与概念的澄清(借助于对概念特征的分析),这概念本身也丝毫没有增加什么。

综合是把客体搞明晰,分析是把概念搞明晰。在后一场合,全体先于部分;在前一场合,部分先于全体。哲学家只是使所与概念

明晰。有时,即使想以这种方式使之明晰的概念已经给出,人们也
A96 综合地处理之。在经验的命题中,当人们不以在所与概念中已经想到的诸特征为满足时,便常常发生这样的情况。

逻辑唯一能够从事的产生明晰的分析方法,是弄清我们知识的第一和最主要的要求。我们对一件事情的知识越是明晰,这知识就越可能坚实有效。只是分析一定不要达到使对象本身最后消失的地步。

如果我们意识到我们所知道的一切东西,就会对我们的知识量之大感到惊异。

着眼于我们知识的客观价值,我们可以一般地设想下列知识据以提高的**级次**:

知识的**第一**级次是**表象**某物;

第二级次是有意识地表象或**知觉**(percipere)某物;

第三级次是**识别**(noscere)某物,或在同他物比较**异同**中表象某物;

A97 **第四**级次是**有意识地**识别某物,亦即**认识**(cognoscere)某物。动物也**识别**对象,却不**认识**对象。

第五级次是**知解**(intelligere)某物,亦即**由知性**借助于**概念**认识或**构想**某物。这与**理解**很不相同。人们可以构想许多东西,尽管对这些东西不能理解,例如在力学中,其不可能性已被证明的永动机就是如此。

第六级次是通过理性来认识或**洞晓**(perspicere)某物。我们只是在少数事物中达到了这一级次。在价值方面,我们越是想使

知识完善，在数目上我们的知识就越少。

最后，知识的第七级次是理解（comprehendere）某物，亦即在这种对我们的意图来说是充分的级次中，通过理性来认识或先天地认识某物。我们所理解的一切都只是相对的，即是说，相对于某种确定意图才是充分的，我们不能绝对地理解任何东西。没有什么东西比数学家所证明的（如关于圆中所有直线都成比例的证明）更可理解了。然而数学家却不理解，一种如此简单的图形怎么会 A98
有这些属性。知解或知性的领域远比理解或理性的领域大。

IX

D）就样式来看的知识的逻辑完备——确认——一般认以为真的概念——认以为真的种类：意见，信仰，知——确证和劝说——判断的保留和推延——暂时的判断——成见，成见的泉源和主要类型

真理是知识的客观属性；某物借以被表象为真的判断——与知性有关，因而与特殊的主体有关——，从主观上讲，是认以为真（Fürwahrhalten）。

认以为真一般有两种：确定的或不确定的。确定的认以为真或确认与必然性的意识相关联；反之，不确定的认以为真或不确认与偶然性或相反的可能性相关联。后一种认以为真或者在主客两 A99
方面都不充分，或者虽然在客观上不充分，在主观上却充分。前者叫做意见，后者可称信仰。

因此，有三种或三种样式的认以为真：意见，信仰和知。意见是或然判断，信仰是实然判断，知是必然判断。我对之仅有意见的东西，我在判断中的意识便只认为它是或然的；我所信仰的东西，便认为是实然的，但不是客观上，而是主观上必然的（只对我有效）；最后，我所知的东西，我认为是必然地确定的，亦即普遍客观地必然的（对于一切人都有效的），也就是假定，这种确定的认以为真与之有关的对象本身，是一种单纯经验的真理。因为根据方才提到的三种样式，认以为真的这种区别仅涉及判断力，而后者关系到判断在客观规律下所包含的主观标准。

以我们对不朽的认以为真作例，假如我们以为我们似乎是不朽的，这种认以为真就是单纯或然的；假如我们相信我们是不朽的，那就是实然的；最后，假如我们全都知道今生之后还有来世，那
A100 就是必然的。

在意见、信仰和知之间因而产生出一种本质的区别，这里我们还要对它们加以更准确、更详细的讨论。

1）意见。意见，或由一种既非主观上充分，亦非客观上充分的知识根据而来的认以为真，可以被看作一种暂时的判断（sub conditione suspensiva ad interin），这种判断为人们所不易缺少。在人们假定和主张之前，必须先有意见，但这里也要谨防，不要把一个意见认为是某种比单纯意见更多的东西。我们的一切知识多半是从意见开始的。有时我们对真理有一种模糊的预感。在我们看来，一事物似乎包含着真理的特征；我们以确定的确认认识事物之前，已经臆测到它的真理。

但是，单纯的意见究竟发生于何处？——〔意见〕不发生于包含先天知识的科学中，因而既不发生于数学中，也不发生于形而上学和伦理学中，而唯独发生在经验的知识（物理学、心理学，诸如此类）中。因为先天去以为，这本身就是不合理的。实际上，再没有比例如在数学中只去以为更可笑的了。这里（就像在形而上学和伦理学中那样）适用的或者是知，或者是不知。属于意见的事物只能是经验知识的对象，这些对象本身虽然可能，但就我们经验能力的经验的限制和条件，以及就我们所具有的能力依赖这些限制和条件而言，对于我们又不可能。例如，近代物理学家的以太，就是一种仅属意见的东西。因为一般说来，无论这种或那种意见如何可能，我都看出，其反面也许同样可以证明。在这里，我的认以为真在主观和客观两方面都是不充分的，虽然就本身来看可以成为圆满的。 A101

2）信仰。信仰或由虽然客观上不充分，但主观上充分的根据而来的认以为真，与这样的对象有关：关于这种对象人们不但一无所知，而且也提不出什么意见，更说不出什么概然性，而只能确定，像人们想象的那样去思维这类对象是不矛盾的。除此而外，信仰是一种自由的认以为真，它只是就实践上先天给予的目的而言是必要的，——我认一物为真，是出于道德上的理由，其所以如此，是因为反面永远不能证明*。 A102

---

* 信仰不是一种特殊的知识源泉。它是一种意识其不完满的认以为真，当它被视为限于一种特殊客体（这种客体只属于信仰）时，它之区别于意见，不是由于等级，而是由于有作为知识来行动的东西。例如，要搞一笔交易，商人所需要的不只是以为在这笔交易中要赢利，而是相信他以不可靠的方式进行尝试的那种意见是充分的。我们

A103 I)信仰物不是经验知识的对象。因此所谓历史的信仰真正讲
A104 来也不能称为信仰而与知对立,因为历史信仰本身可以是一种知。
A105 基于一种证言的认以为真,区别于由自己的经验而来的认以为真,
这种区别既非按照等级,亦非按照种类。

具有(关于感性物的)理论知识,在这种知识中我们可以达到确认,一切我们可名之为人类知识的知识中,理论知识肯定是可能的。在实践法则中我们具有的正是这样一些确定而完全先天的知识,不过这些知识基于超感性原理(自由),并作为实践理性的原理存在于我们自身中。这种实践理性又是一种关于至善(善不可能通过我们的能力存在于感性世界中)的同样超感性客体的因果性。虽然如此,自然界作为我们的理论理性的客体,也必须与上述实践因果性相一致,因为这种理念的结果或作用应当在感性世界中遇到。我们应当有所行动,去实现这个目的。

在感性世界中我们也发现一种带有艺术智慧的迹象,我们相信,世界的原因也以进向至善的道德智慧的方式在起作用。这是一种对行动来说是足够的认以为真,亦即信仰。我们需要这种东西不是为了遵循道德法则去行动,因为道德法则只有通过实践理性才能给予。但是我们需要假定一种最高的智慧,作为我们道德意志的客体,在我们行为的单纯合法性之外,我们不得不在这一假定之上建立我们的目的。虽然至善在客观方面不是我们意愿的必然关系,但在主观方面却是善良(乃至人类)意志的必然客体,信仰对于至善的可达性必然是前提。

在通过经验(后天)取得的知识和通过理性(先天)取得的知识之间,没有第三者。但是在客体的知识和可能客体的单纯假设之间,却有一居间者,这就是经验的或理性的根据,假定后两者关系到可能客体(认识它们对我们来说是可能的)领域的必然扩展。这种必然性仅仅发生在客体被认作实践上及通过理性在实践上必然的时候。因为,为了单纯扩展理论知识而假定某物,在任何时候都是偶然的。假定实践上必然的客体,即是假定作为意愿客体的那个至善的可能性,因而也就是假定那种可能性的条件(神、自由和不朽)。这是一种主观的必然性,是为了必然的意志规定而假定的客体的实在性。这是不寻常的事情,缺少它,实践理性在其必然目的方面就不能维持它本身,在这里,它以必需的优惠在其自己的判断中帮助了实践理性。实践理性不能逻辑地取得客体,而只能抵制那在使用实践上属于它的理念时阻碍它的东西。

这种信仰是假定(至善)概念的必然性、客观实在性,亦即假定其对象作为先天必然的意愿客体的可能性。如果我们只看行为,我们就不必有这种信仰。但是如果我们想通过行为,扩展到使我们具有由此而可能的目的,那我们就必须假定,这样的目的是完全可能的。因此,我能够说的仅仅是:我看到我自己为根据自由法则的我的目的所迫,假定至善在这个世界上是可能的,但是我不能以这种理由强迫任何别人(信仰是自由的)。

II)信仰物也不是理性知识(先天知识)的客体,既不是理论知识,如数学和形而上学的客体,也不是道德实践知识的客体。

人们虽然可以根据证言相信数学的理性真理——因为错误在这里或者不易可能,或者容易被发现——,却不能靠这种方式知道它们。但是哲学的理性真理也绝不是使人信仰,而只是使人必须知道,因为哲学在自身中不容忍单纯的劝说。特别是关于道德(权利和义务)中实践理性的对象,对这些对象也不能只发生单纯的信仰。人们必须充分地确定某件事情是正当或不正当,合乎义务还是违反义务,许可还是不许可。在道德事物中,人们不能以不可靠的方式**鲁莽行动**,不能冒违反法则之风险去作决定。例如,对于法 A106

官来说,**仅仅**由于一个人被控有罪,便**相信**他实际上犯了罪是不够的。他必须(根据法律)知道这件事,否则就是不负责任地受理。

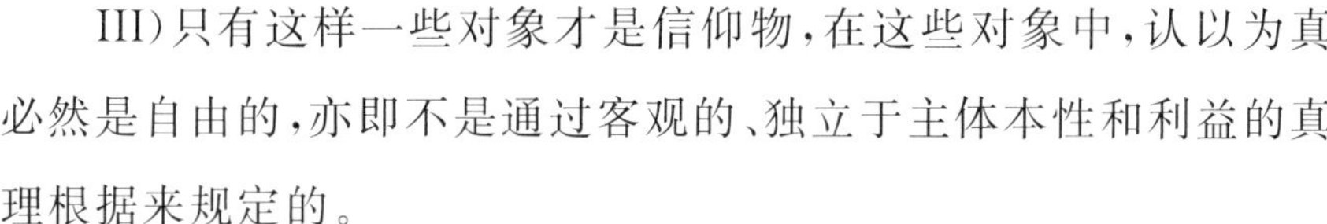

III)只有这样一些对象才是信仰物,在这些对象中,认以为真必然是自由的,亦即不是通过客观的、独立于主体本性和利益的真理根据来规定的。

因此,信仰也由于单纯主观的理由而缺少使自身得以传达并引起普遍赞同的确信,如由知而来的确信。**我本身**可以确信的只

所以,理性信仰无涉于理论知识,因为这种客观上不充分的认以为真仅仅是**意见**。理性信仰仅仅在主观的、但却是绝对必然的实践意图上,是理性的一种前提。遵循道德法则的意念,引向可由纯粹理性规定的意愿的客体。所以,这种客体的可行性以及原因的现实性假定,是一种**道德**信仰,或一种自由的、在完成其目的的道德意图中必然的认以为真。

诚实(Fides)是契约中真正的忠实或相互间的主观信赖,即一人要对另一人信守诺言——**忠实**和**信任**。前者用于契约已签订的场合,后者用于契约将签订的场合。

采用类似的说法,实践理性似乎是**立约者**,人是**受约者**,而所期待的由行动而来的善,则是**约定的事情**。——康德原注

是我的实践信仰的有效性和不变性，我对一命题的真实性和一物的实在性之信仰，是与我有关系、仅用以取代知识的东西，本身并不是知识。

在道德上无信仰的人，不承认那虽不可能知之，但假定它在**道德上**却**必要**的东西。这类不信总是归咎于缺乏道德兴趣。人的道
A107 德意念越是伟大，他对于一切从道德兴趣出发，在实践的必然意图上所承认和感到非假定不可的一切事物的信仰，就越是坚定和有生气。

3)**知**。由主客观两方面都充分的知识基础而来的认以为真或确认，不是**经验的**就是**理性的**，不是根据**经验**(自己的或他人传达的)就是根据**理性**。这种区别与我们全部知识由以取得的两个泉源——**经验**和**理性**——有关。

理性确认或者是数学的确认，或者是哲学的确认。前者是**直观的**，后者是**论证的**。

数学的确认也称**自明**，因为直观的知识比论证的知识更明白。因此，虽然数学知识与哲学知识本身都同样是确定的，但两种确认却有所不同。

经验的确认如果**来自亲身**经验，便是原始的；如果以他人的经
A108 验为根据，便是**派生的**(derivative empirica)。后一种经验的确认通常亦称**历史的**确认。

理性的确认通过与之相结合的**必然性**的意识，区别于经验的确认。因而，理性的确认是一种**必然的**确认，反之经验的确认只是一种**实然的**确认。理性所确定的，是无须经验也可先天洞见到的。所以，我们的知识可能与经验的对象有关，当我们由先

天的原理认识经验上确定的命题的时候，其确认可以同时是经验的和理性的。

我们不能对一切事物都具有理性的确认，但是在我们可以具有的地方，我们必须将理性的确认置于经验的确认之前。

一切确认或者是直接的，或者是间接的，就是说，或者需要证明，或者既不能证明也无须证明。在我们的知识中尽管许多都只是间接确定的，亦即仅通过证明才确定的，但毕竟也还有某些不能证明的或直接确定的东西。我们的全部知识必须从直接确定的命题出发。

知识的一切中介了的或间接的确认所依据的证明，或者是直接的，或者是非直接的，亦即间接的证明。如果对一真理我由其根 A109
据来证明，我采用的便是直接证明；如果我由其反面之虚妄来推论一命题的真实性，则用的是间接证明。可是要使后一证明有效，诸命题必须是矛盾的或正相反对的。因为两个纯然相反的命题(contrarie opposita)可以皆错。依据数学确认的证明称为明证(Demonstration)，依据哲学确认的证明称为秘证(ein akroamatischer Beweis)。一般说来，每一证明的主要部分是它的质料和形式，或证明根据和连贯性。

科学由知而来，在科学中，全部知识是作为体系来理解的。科学与普通知识，亦即与作为单纯集合的知识总体相反。体系以先行于部分的全体理念为基础；反之，在普通知识或知识的单纯集合那里，部分先行于全体。有历史的科学和理性的科学。

在科学中我们所知的通常只是知识，而不是为知识所表象的 A110

事情，以致可以有一种事情的科学，关于这种事情，我们的知识并不是知。

从以上关于认以为真的性质和种类的叙述中，我们可以得出普遍的结果，即我们的一切确信不是逻辑的就是实践的。如果我们知道，我们解脱了一切主观根据而自由，那个认以为真毕竟是充分的，我们便是在确信，并且是逻辑的或由客观的根据而来的确信（客体确定）。

由主观的理由（就实践的观点来看，这种理由和客观的理由一样有效）而来的完满的认以为真也是确信，但不是逻辑的，而是实践的（我确定）。这种实践的确信或这种道德的理性信仰往往比一切知更坚定。在知中人们还倾听反对的理由，在信仰中就不然，因为信仰不随客观的理由而定，而随主体的道德兴趣而定*。

A111 与确信相反的是劝说，劝说是根据不充分的认以为真（人们不知道这些根据是单纯主观的，还是也还客观）。劝说常常发生在信念之前。许多知识我们都是如此了解的，以致我们不能判断我们

---

* 这种实践的确信因而是道德的理性信仰，在最正确的意义上，唯有后者才必须称为信仰，并且作为这样的信仰与知和一切理论的或逻辑的一般确信相对立，因为信仰绝不能提高到知。反之，像已经提到的那样，所谓历史的信仰不应当同知识相区别，因为这种信仰作为一种理论的或逻辑的认以为真，本身可以是知识。我们可以在他人作证的基础上，以同一确认承认一种经验的真理，就像我们通过自己的经验事实达到这种真理一样。在前一种经验的知识中我们可能受骗，但是在后一种知识中也是一样。

历史的或间接经验的知识以证据的可靠性为基础。真实可靠性（扎实性）和完整性要求无懈可击的证据。——康德原注

认以为真的根据是主观的还是客观的。因此，为了能够从单纯的劝说进到确信，我们必须首先**考虑**，亦即看一看一种知识属于哪种认识能力；然后再**研究**，亦即检验根据在客观上是充分还是不充分。许多知识都没有超出劝说的范围。一些知识达到了考虑，少数知识达到了研究。知道什么是确认的人，不易混淆劝说和确信， A112 因而也不易让自己被人劝说。有一种得到赞同的规定根据，是由主客观根据综合而成的，大多数人不能把这种混合的结果彼此分辨开来。

虽然任何劝说从形式上讲都是虚妄的（因为在劝说中，不确定的知识似乎是确定的），但就质料而论，却可以是真实的。在这方面，劝说也与意见不同，意见是一种被视为不确定的不确定知识。

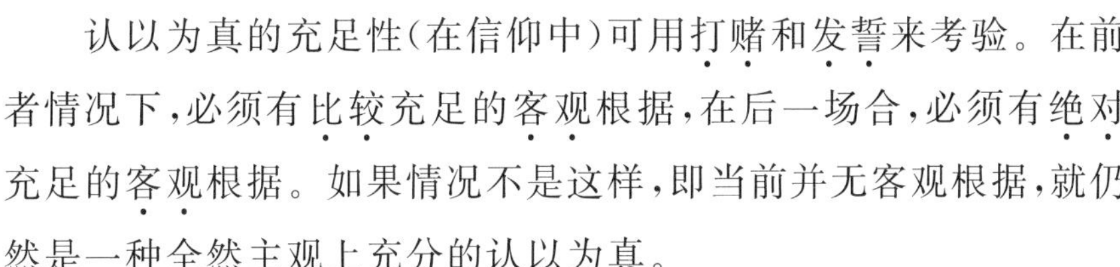

认以为真的充足性（在信仰中）可用**打赌**和**发誓**来考验。在前者情况下，必须有**比较**充足的**客观**根据，在后一场合，必须有**绝对**充足的**客观**根据。如果情况不是这样，即当前并无客观根据，就仍然是一种全然主观上充分的认以为真。

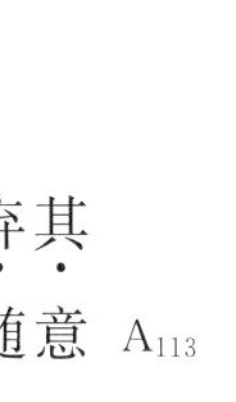

人们常常使用这样的语句：**赞同其判断；保留、推迟或放弃其判断**。诸如此类的说法似乎是暗示，在我们的判断中有某种随意 A113 的东西，我们认某物为真，是因为我们愿意认它为真。这里的问题在于：**意志对于我们的判断是否有影响**？

意志对于认以为真没有直接的影响，否则那将是非常荒谬的。如果说，我乐于相信我所愿望的东西，那么这仅仅意味着我们的善良愿望，如父亲对子女的愿望。如果意志对我们所愿望的东西的确信有直接影响，我们就会始终沉迷于虚幻的幸运状况中，老是认之为真。然而，意识并不能与违反愿望和爱好的真理的确实证据相抗争。

但是当意志激励或阻碍知性研究真理的时候，就必须承认意志对知性使用有影响，从而间接地对确信本身有影响，因为确信很有赖于知性的使用。

特别是我们判断的**推迟**或**保留**所涉及的，是决心不让一个暂
A114 时性的判断成为规定的判断。暂时性的判断是这样一种判断，通过这种判断，虽然我表象一事为真的根据，比反对其为真的根据更多，但这些根据还不足以成为我借以直截了当为真理作出决断的**规定的**或**确定的**判断。因此，暂时性的判断是一种有意识的单纯或然的判断。

判断的保留可能在两种意图下发生：或者为探寻确定判断的根据，或者为了不作判断。判断在前一场合的推迟叫做**批判的**推迟(suspensio judicii indagatoria)，在后一场合的推迟叫做**怀疑的**推迟(suspensio judicii sceptica)。因为怀疑论者放弃一切判断，反之，真正的哲学家在他还没有足够的根据认某物为真的时候，仅仅缓作判断。

按照缓作其判断的戒条，要求一种熟练的判断力，这种情况仅存在于老年。一般说来，由于我们的知性如此热衷于借判断来扩展自己，热衷于以知识来充实自己，或者由于我们对某些东西总是比对其他东西更加注目的偏好，保留我们的同意是一件
A115 很困难的事。但是，不得不常常收回同意，并因而变得聪明谨慎的人，由于担心以后又被迫收回他的判断，将不会如此迅速地表示同意。这种**撤回**总是使人难受的，它导致人们对其他一切知识表

示不信任。

这里我们还要指出，将判断置于怀疑中，与使判断悬而不决不是一回事。在悬而不决中，我总是对事物有兴趣；但是在怀疑中，就我的目的和兴趣来看，并不总是去断定事物是否真实。

在一切沉思和研究中，暂时性的判断对于知性的使用是必要的，甚至是不可缺少的。暂时性的判断在知性的探索中用于指导知性，并给知性以不同的方法。

当我们沉思对象的时候，我们总是不得不作出暂时性的判断，仿佛在探寻通过沉思我们业已部分地获得的知识。当人们企图有所发明或发现的时候，总是不得不制订暂时性的计划；此外，思维只依照偶然之事进行。所以，为了探究事情，人们可以通过暂时性的判断来思考**准则**。人们也可称暂时性的判断为**预期**，因为人们在具有确定的判断之前，已先对事情作出了他的判断。因此，这类 A116
判断有其长处，甚至可以给出应如何对客体作暂时性判断的规则。

必须把**成见**同暂时性的判断区别开来。

成见**被视为原则的时候**是暂时性的判断。每一成见都是被当作判断的原则来看的，由成见产生出来的不是成见，而是错误的判断。因此，必须把来自成见的虚妄知识，同它们的泉源，即成见本身相区别。例如，梦的意义本身还不是成见，而是一种来自假定的普遍规则（某物有时应验，便当作总是应验，或总认以为真）的错误。把梦的意义归属于其下的这原则就是一种成见。

成见有时是真正暂时性的判断，仅当把成见看成原则或确定的判断时，才是不合理的。引起这种错觉的原因在于，由于**缺乏**必

须先于一切判断的考虑，而错把主观的根据当作客观的根据。因
A117 为我们可以接受许多知识，如直接确定的命题，而不去**研究**它们，
亦即对这些知识之真理的条件不作考察；我们也能够并且可以
不作判断，不加**考虑**，即不把知识同这种知识所由产生的知识能
力（感性或知性）加以比较。如果我们在缺少这种考虑（即使还未
进行研究，这样的考虑也是必要的）的情况下接受判断，就会出现
成见，或由误认为客观根据的主观原因而来的判断原则。

成见的主要泉源是**模仿**、**习惯**和**爱好**。

模仿对于我们的判断具有普遍的影响，因为人云亦云是一种
强有力的理由。因此，便有了这样的成见，即：人人所干的事，便是
对的。至于由习惯产生的成见，则只能经过漫长的时间才能消除。
在时间的推移中，知性通过反对的根据，在判断中逐渐被拖延，因
而逐渐产生相反的思想方式。如果习惯的成见同时是通过模仿形
A118 成的，那么具有这种成见的人就不易矫正。人们也可称由模仿而
来的成见为：**不是在法则之下自发地使用理性，而是消极或机械地
使用理性的嗜好**。

理性是一种积极的原则，这种原则丝毫不单纯借助于他人的权威，甚至（在关系到理性的纯粹使用时）也丝毫不应当借助于经验。但是惰性使许多人宁可追随他人的足迹，也不愿耗其智力。这些人只能抄袭他人。如果所有的人都如此这般，世界就会永远停滞不前。因此，使青年人不去从事单纯的模仿——像通常发生的那样——，是极端必要和重要的。

有许多东西促使我们习惯于模仿的准则，并使理性借以成为成见的肥沃土壤。模仿的这类辅助方法有：

1)**公式**。它们是一些规则,用来表达模仿的典范。此外,公式对于简化复杂的命题非常有用,所以最明智的头脑总想发现这类公式。

2)**格言**。格言的表达具有如此意味深长的高度精确性,以致 A119
好像以更少的言辞把握不了它们的意义似的。由于这种原因,这类需借自他人(人们将确实可靠性归之于它们)的箴言(dicta),由于其权威而被用作法则和规律。圣经上的箴言叫做卓越格言(Sprüche κατ' ἐξοχήν)。

3)**警句**。为成熟的判断力通过强调包含于其中的思想所产生的警句,是一些本身值得推荐的、其威望常常保持数世纪之久的命题。

4)**法规**(Canones)。这是些用作科学基础,并指示某种崇高的、经过深思熟虑的东西的普遍教导。人们也可以用一种更令人喜欢的庄严方式来表达法规。

5)**谚语**(proverbia)。谚语是普通知性的通俗规则或有关其通俗判断的表达。由于这类单纯地方性的语句仅用作普通大众的箴言和规范,所以不会在受过优良教育的人们中间遇到。

从上述成见的三种普遍泉源,特别是从模仿中,产生出一些特
殊的成见,其中最常见的我们想在此作如下讨论。 A120

1)**声望的成见**。属于这类成见的有:

甲)**个人声望的成见**。如果在以经验和见证为根据的事物中,我们以他人的声望来建立我们的知识,则并不因此使我们为任何成见负疚;因为我们不能事事都亲自经验,事事都用自己的知性来

把握，所以在这种情况下，个人的声望必定就是我们判断的基础。但是，如果在理性知识方面我们把他人的声望作为我们认以为真的基础，那我们就必须承认，这种知识来自单纯的成见。因为理性真理之有效是无个性特征的；这里的问题不是“谁说了什么”，而是“他说了什么”？问题不在于知识是否来自名人，当然，由于本人理解上的限制，或由于热衷模仿我们描述为伟大的东西，对于伟人声望的偏爱还是很普遍的。这里还要加上，个人声望也以间接的方式取悦于我们的虚荣。像专制君主的臣民以其全都受到平等待
A121 遇（因为在统治者的无限权力面前，最卑贱者和最高贵者可认为是同样的卑微）而感到骄傲那样，伟人的崇拜者（当他们相互间可能具有的长处在伟人的功勋面前被看作无关紧要时）也自以为他们是平等的。因此，从种种理由来看，极受赞美的伟人们对于个人声望上的成见的偏好所给予的支持，并非微不足道。

乙）多数人声望的成见。民众主要倾向于这种成见。因为民众无能力评价个人的贡献、才能和知识，所以他们喜欢在“人所公认的必真”这一假定下，坚持多数人的判断。此外，民众的这种成见仅与历史的事物有关；而在他们本身感兴趣的宗教事务中，则听任学者们的判断。

值得注意的是，不学无术的人一般对于学识渊博持有成见；相反地，学者通常对于普通知性持有成见。

A122 一个学者周历了各门科学之后，其全部辛劳仍未使他获得应有的满足，终于对学识渊博（特别是在概念不能感性化及基础不稳的思辨领域，如形而上学）产生了不信任。但是他却相信，确认某些对象的钥匙一定会在什么地方找到。这样，他在长期徒劳地在

科学研究道路上作过尝试之后，便到普通知性中去寻求这把钥匙。

然而这种希望是十分可疑的。因为如果有教养的理性能力在某些事物的知识方面都不能有所成就，则无教养的理性能力也一定不能。在形而上学领域，绝不容许援引普通知性的说法。因为这里没有可做具体表述的事。但是有关道德的情况就不同。在道德领域，一切规则不但能够具体地给予，而且实践理性通过普通知性使用的工具显示自己，要比通过思辨的知性使用的工具更清楚、更正确。因此，关于伦理事物和义务，普通知性常常比思辨的知性判断得更正确。

丙）时代声望的成见。对古代的成见是其中最重要的一种成 A123
见。虽然我们完全有理由对古代善意地加以判断，但这只是出于适当的尊敬。由于我们视古人为知识和科学宝库的主人，把他们著作的相对价值奉为绝对价值，盲目地信赖他们的贡献，这种尊敬往往太过头了。如此过分地评价古人，就是使知性倒退到它的童年而轻视本身才能的使用。如果相信古人所写的一切都像其著作留传下来的人写的那么经典，也是非常错误的。这是因为，时间筛选了一切，只有那具有内在价值的东西才保存下来。所以我们可以不无根据地假定，我们所占有的，只是古人中最优秀的作品。

有许多原因产生和维持对古人的成见。

某物超过了我们按照常规的期待，我们就对它表示惊异，这种
惊异后来常变为钦佩。当我们在古人那里发现了某种东西，而考 A124
虑到他们所处的时代环境，对于这种东西我们又未期待时，情况就是如此。另一原因在于，古人和古代知识表现了一种博学多才，后者一直赢得尊敬，尽管就我们从古人的研究中所吸取的东西本身

而言，可能是平常的和不重要的。原因之三是我们对古人表示的感谢，因为古人为我们开辟了许多知识的道路。对他们表示的特殊敬意似乎是公正的，但我们却常常逾越其限度。最后，第四种原因可在对同时代人的某种嫉妒中寻找。无力与同时代人较量者，为了使近人不超过他，便吹捧古人，以贬低近人。

与此相反的是**标新立异**。有时也会降低古代的声望，以利于对新颖事物的成见，特别是在本世纪初，当著名的**封德奈尔**（Fontenelle）倒向现代人一边的时候。在有能力扩展的各门知识中，当
A125 然对于现代人比对古代人更为信任。但这样的判断仅作为单纯暂时的判断才是有道理的。如果我们视之为确定的判断，它就变为成见。

2）**由自爱或逻辑的利己主义**而来的成见。根据这种成见，人们认为把自己的判断与他人判断的一致当作真理标准是不必要的。这种成见与声望的成见是对立的，因为它对自己知性的产物（如本人的学说系统）表现出某种偏爱。

容许成见存在或完全赞同成见，这是否有益和值得推荐呢？令人惊奇的是我们时代仍可提出这个问题，特别是提出与赞同成见有关的问题。赞同每人的成见，就意味着用好的意图来欺骗人。让成见不受触动，尚属可行；因为有谁能从事于揭示和消除成见呢？但是，以全力来根除成见是否可取，这却是另一个问题。旧的、根深蒂固的成见自然是难于制止的，因为它们自我辩护，仿佛
A126 它们是自己的裁判者。人们也试图借根除它们会发生种种不利之由，宽恕成见的继续留存。然而还是任其不利为佳，这些不利以后

将带来更多的好处。

X　或然性——或然性的说明——或然性与貌似性的区别——数学的或然性和哲学的或然性——怀疑——主观的怀疑和客观的怀疑——哲学研究中怀疑的、独断的和批判的思维方式或方法——假说

或然性知识的学说也属于我们知识的确认学说，或然被视为对于确认的接近。

或然性可理解为由不充分根据而来的认以为真，但是这种不充分根据之于充分根据的关系，与反对的根据相比，有更大的比例。通过这样的说明，我们把或然性（probabilitas）同单纯的**貌似性**（verisimilitude）区别开来。后者是由不充分根据而来的认以为 A127
真，只要该根据比反对的根据更重要。

这就是说，认以为真的根据可以或者客观上，或者主观上胜于反对的根据。属于两种情况的哪一种，只能通过把认以为真的根据同充分的根据加以比较才能发现，因为认以为真的根据总比可能的反对根据略胜一筹。所以，在或然性中，认以为真的根据是**客观上有效**的，反之，在单纯的貌似性中，认以为真的根据是**主观上有效**的。貌似性是单纯说服力的大小，或然性则是对于确认的接近。在或然性中，必定总有一个我们据以估计它的尺度，这个尺度就是确认。因为要我把不充分的根据同充分的根据加以比较，我

得知道那属于确认的有多少。然而，这样一种尺度在单纯的貌似性中是不存在的，因为在这里我不是把不充分的根据同充分的根据相比较，而是仅仅同反对的根据相比较。

或然性的要素可以或者是同质的，或者是异质的。同质的要素
A128 必须是可计算的，就像在数学知识中那样；异质的知识必须是可权衡的，也就是可根据效果（而这又需根据对情绪障碍的克服）来估计的，就像在哲学知识中那样。后者与确认无关，而仅与他物貌似。由此可见，只有数学家能够规定不充分的根据与充分根据的关系，而哲学家则不得不满足于貌似性，满足于单纯主观的、实践上充分的认以为真。因为在哲学知识中，由于根据的异质性，无法估计或然性。在这里，并不是——可以这么说——一切都盖了重量印记。真正讲来，关于数学的或然性人们也只能说：它多半是确定的。

关于或然性的逻辑（logica probabilium）人们讲了很多。然而不可能有这种逻辑，因为如果不能从数学上处理不充分的根据与充分根据的关系，一切规则就都毫无用处。除了“不会在同一方面遇到错误，客体中必有某种同意的根据”，以及“当两个对立的方面等量地和同等地陷于错误时，真理存在于它们之间”等规则而外，没有任何或然性的普遍规则。

A129 怀疑是一种反对的根据或认以为真的单纯障碍，可以或者主观地，或者客观地考察它。主观地考察即有时把怀疑视为一种优柔寡断的情绪状况，客观地考察则视之为认以为真根据不充分的知识。在后者情况下，怀疑又称异议，异议是把被认以为真的知识的客观根据视为虚妄。

认以为真的单纯主观有效的反对根据是犹豫。在犹豫中,人们不知道认以为真的障碍是客观的还是仅仅主观的,譬如说,仅仅基于爱好、习惯等等。人们怀疑着,而不去明晰确定地解释怀疑的根据,不能了解这种根据是在客体本身中还是仅在主体中。要消除这种犹豫,必须将犹豫提高到明晰而确定的异议。因为通过异议,确认才被引导到明晰和完满。如果不使反对的根据活跃起来,便无人能对一件事说得准从何处可以规定它,离确认还有多远或多近。仅仅答复每一怀疑也是不够的,还必须消除怀疑,就是说,必须了解犹豫是怎样产生的。如果不这样,就只是摈弃怀疑,而不是扬弃怀疑,怀疑的种子就依然留存着。当然,在各种情形下,我 A130
们都不知道认以为真的障碍在我们之中是仅有主观的根据还是有客观的根据,因而不能借假象的揭示去掉犹豫。因为我们并非总能把我们的知识同客体相比较,而常常只能将知识互相比较。因此,谦逊一点,是将异议仅仅作为怀疑提出来。

在论及知识时,有一怀疑的原理存在于这样的准则中:使知识成为不确定的,并指出达到确认的不可能性。哲学论证的这种方法是怀疑的思维方式或怀疑主义。它与独断的思维方式或独断主义相反,后者是仅由于该方法的表面成功,而对于非批判的、通过单纯概念先天扩展的理性能力的盲目信赖。

两种方法如成为一般方法,都是有缺欠的。因为许多知识我们都不能独断地处理;另一方面,由于怀疑主义放弃一切肯定的知识,它破坏了我们占有良知的全部努力。 A131

但是,尽管这种怀疑主义有害,如果人们仅把它了解为在循此途径追究真理踪迹的希望中，处理不确定的某物使其达到极度不确定的方式，那么，怀疑的方法仍是有用和适宜的。严格说来，这种方法仅仅是悬搁判断。它对于批判的处理很有用，这种处理需理解为哲学论证的方法——人们据以探求其主张和异议的泉源，及其所依据的理由——，一种给达到确认以希望的方法。

在数学和物理学中并未出现怀疑主义。只有既非数学亦非经验的知识，即纯粹哲学的知识方可招致怀疑主义。绝对的怀疑主义宣称凡物皆假象，它将假象同真理相区别，所以必须有一区别的标志，从而必须假定真理的知识，由此陷入自相矛盾。

关于或然性，我们在上面提到，它是对于确认的单纯接近。假
A132 说的情况尤其如此，通过假说，我们永远不能达到必然的确认，而只能在我们的知识中达到或大或小程度的或然性。

假说是为结论充分之故，而对关于根据的真实性判断的认以为真，简言之，是对作为根据的前提的认以为真。

所以，在假说中，一切认以为真都基于作为根据的前提之充分，由此解释作为结论的其他知识。在这里，我们由结论的真实性推论根据的真实性。但是，如我们方才谈到的，除非所假定的根据的一切可能结论都是真的，这种推论方式便不能提供真理的充分标准，或引导到必然的确认。由此可见，由于我们永远不能规定一切可能的结论，假说就永远是假说，即停留在我们永远达不到的完满确认的假定上。然而，如果我们迄今遇到的结论都可从作为前
A133 提的根据得到解释，假说的或然性便可增加，可以提高到类似确认的东西。因为在这种情况下，我们没有理由不假定一切可能的结

论都可据以解释。我们委之于假说的这种情况，仿佛它是完全确定似的，虽说那仅仅是由于**归纳**。

然而，在每一假说中都有某种东西是必然确定的，那就是：

1)**假定**本身的**可能性**。

例如，若我们为解释地震和火山而假设地下火，那么这样一种火——即使不是燃烧物体，也是炽热物体——必然是可能的。但是，为着某些别的现象而使泥土成为动物（在动物中，内分泌液的循环产生了温度），便可谓之单纯的虚构，而不是提出假说。因为现实性可以杜撰，可能性却不然，后者必须是确定的。

2)**连贯性**（die Konsequenz）。结论必须由所采用的根据正确地引出，否则，从假说中出来的将是一种单纯的幻想。

3)**统一性**。假说的基本要求是：它只是一个，无须辅助假说来支持它。如果在一假说中，我们不得不采用许多其他假说作为辅助，则该假说就大大失掉或然性。因为从一个假说中可以引 A134 出的结论愈多，它就愈是或然，愈少则愈不或然。例如，提克·布拉（Tycho de Brahe）的假说就不能解释许多现象，因此他采用许多新假说作为补充。由此已可推知，他所采用的假说不能是真正的根据。反之，哥白尼的体系就是这样一种假说，**迄今发生的**应由它来解释的一切，都可从中得到解释。在这里，我们无须**辅助假说**（hypotheses suhsidiarias）。

附录　理论知识与实践知识的区别

与**理论的**知识对立，又与**思辨的**知识对立的，叫做**实践的**知识。

实践的知识或者

1)是命令,在这种情况下,它与理论的知识相对立;或者

A135 2)包含可能命令的根据,在这种情况下,它与思辨的知识相对立。

命令一般是指每一个这样的命题,即它表述可能的、借以实现某一目的的自由行为。包含命令的知识是实践的,并且是在与理论的知识相对立的意义上称为实践的。因为理论的知识不陈述应当是什么,而陈述是什么;不以行为,而以存在为其对象。

反之,如果我们使实践的知识同思辨的知识相对立,那么实践的知识也可以是理论的知识,只要从那里引出来的是命令。从这一观点来看,实践知识是从内涵上看的,或者说,是客观上实践的。我们所理解的思辨知识,是那些不能由以引导出行为规则或不包含可能命令之根据的知识。例如,神学中就含有大量单纯思辨的命题。此类思辨的知识永远是理论的,但不能反过来说每一理论的知识都是思辨的。从其他观点来看,理论的知识也可以同时是实践的。

A136 一切都以实践为归宿,我们知识的实践价值在于一切理论和思辨都着眼于使用这种倾向。仅当知识之实践使用所指向的目的是无条件的目的时,这种价值才是无条件的。我们知识的一切实践使用最后都必须与之相关的无条件的最后目的(最终目的)是伦理,为此,我们称伦理为无条件的和绝对的实践。所以,以道德为对象的哲学的这一部分,必须称为卓越的(κατ' ἐξοχήν)实践哲学,虽然每种其他哲学科学也有其实践的部分,也就是,可以包含旨在实现某一目的、由所提出的理论为其实践使用引出的指示。

第一编 A138

一般要素论

第一章　概念

§1. 一般概念及其与直观的区别

一切知识,也就是一切伴随意识的关于客体的表象,不是**直观**就是**概念**。直观是**个体的**表象(repraesentatio singularis),概念是**普遍的**表象(repraesentatio per notas communes)或**反思的**表象(repraesentatio discursiva)。

借助于概念的知识称为**思维**(cognitio discursiva)。

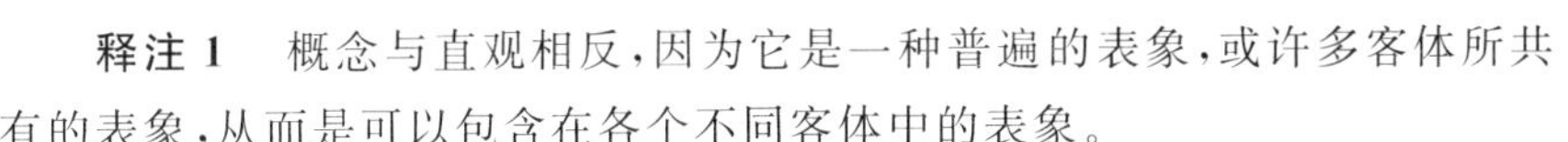

释注1　概念与直观相反,因为它是一种普遍的表象,或许多客体所共有的表象,从而是**可以包含在各个不同客体中的**表象。 A140

注释2　谈论普遍的或共同的概念是单纯的同语反复。将概念不正确地区分为**普遍的**、**特殊的**和**个体的**是个缺点。可作这样区分的不是概念本身,而只是概念的使用。

§2. 概念的质料和形式

对每一概念都可区别开**质料**和**形式**。概念的质料是**对象**;概念的形式是**普遍性**。

§3. 经验概念和纯粹概念

概念不是**经验的**就是**纯粹的**(vel empiricus vel intellectual-

is)。纯粹概念是这样一种概念，这种概念并非从经验引来，而
A141 是——就内容而言——源于知性的。

理念是其对象绝不能在经验中遇到的理性概念。

注释 1　经验的概念是通过比较经验对象由感官产生的，仅仅通过知性得到普遍性的形式。经验概念的实在性以实际经验为基础，就内容而论，它们是由实际经验引来的。然而，形而上学必须研究是否有源于知性而完全独立于一切经验的纯粹知性概念(conceptus puri)。

注释 2　理性概念或理念全然不能导入实际对象，因为一切实际对象必须包含在可能的经验中。但是理念却用于通过理性，在经验及经验规则的最完备使用方面引导知性，或表明并非一切可能的事物都是经验的对象，以及经验的可能性原理既不适用于物自体，也不适用于作为物自体的经验客体。

理念包含知性使用的原型，如世界整体的理念，它一定不是知性的经验使用的构成性原理，而只是一般联系我们知性的经验使用的调节性原理。因
A142 此，为了或者客观地完成隶属的知性活动，或者视为无限的，理念是作为必然的基本概念来看的。理念也不许由集合而得，因为整体先于部分。此外，也还有一种向其趋近的理念。数学的理念或数学地产生的全体的理念就属于这一类。数学的理念与完全不同于一切具体概念的动力学理念有本质的区别，因为动力学的整体不是就量(像在数学中那样)，而是就形式而言，区别于具体概念。

人们不能使理论的理念获得客观实在性，也不能证明其客观实在性，只有自由的理念例外。不仅如此，因为自由是道德法则的条件，其实在性还是公理。上帝理念的实在性只能通过自由，因而仅在实践意图(也就是如此行动，仿佛有个上帝似的)中才能证明。

在一切科学中，特别是理性科学中，科学的理念都是科学的普遍草图或
A143 轮廓，即属于它的一切知识范围。科学中最先对之注目和探寻的这种全体的理念，如法学理念，是建筑术的理念。

多数人缺少诸如人类、完善的共和国及幸福生活等理念。许多人没有关于他们所向往的事物的理念，因而按照本能和权威行事。

§4. 已给予(先天或后天)的概念和造成的概念

就质料而论，一切概念或者是已给予的概念(conceptus dati)，或者是造成的概念(conceptus factitii)。已给予的概念不是先天给予的，就是后天给予的。

一切经验地或后天地给予的概念称为经验概念；一切先天地给予的概念称为知性概念(Notionen)。

注释　作为论证性表象的概念形式，在任何时候都是造成的。

§5. 概念的逻辑起源 A144

就单纯形式而论，概念的起源以其对事物区别的反思和抽象为基础，这些事物由某一表象来标明。这里发生的问题是：哪些知性活动造成了概念？或者——这是一回事——：哪些知性活动由表象产生了概念？

注释 1　普通逻辑通过概念抽去知识的一切内容或思维的一切质料，因而只能在形式方面，也就是只能主观地衡量概念，——不是概念如何通过特征来规定客体，而只是概念如何能够同诸多客体相关。因此，普通逻辑无须研究概念的泉源，无须研究作为表象的概念如何产生，而仅研究所与的表象如何在思维中成为概念。这些概念可能包含来自经验的某物，也可能包含虚构的，或由知性本性借来的某物。概念的这种逻辑的起源——仅就形式而言的概念起源——在于反思，通过反思产生了一个为许多客体所共有的 A145
表象(conceptus communis)，即为判断力所要求的形式。因此，逻辑中所考察的只是对于概念的反思的区别。

注释 2　质料方面的概念起源(就此而论，概念不是经验的就是随意的或理智的)，是在形而上学中去衡量的。

§6. 比较、反思和抽象的逻辑活动

就其形式而言，概念据以产生的知性的逻辑活动是：

1）比较，即诸表象在相互关系中比较而达到意识的统一；

2）反思，即考虑怎样才能将不同的表象把握在一个意识中；最后

3）抽象，即同所与表象在其中相区别的其余一切东西分离。

A146 注释 1　为了由表象造成概念，必须能够比较、反思和抽象，因为知性的这三种逻辑操作是产生任何一般概念的基本和普遍的条件。例如，我看见一棵松树、一棵柳树和一棵菩提树。这时我先把这些对象互相比较，我注意到，它们在干、枝、叶等方面是互不相同的；但是我随即只注意它们所共有的东西——干、枝、叶本身，并抽去其大小、形状等等，于是我得到了树的概念。

注释 2　逻辑中使用的抽象一词并非总是正确的。绝不能说抽出某物(abstrahere aliquid)，而只能说抽去某物(abstrahere ab aliquo)。例如，如果我在鲜红的布中只想到红色，我便抽去了布；如果我把红色也抽掉，而把鲜红色作为一般的物质材料来思考，那我就抽去了更多的规定，我的概念也就变得更为抽象。因为从概念中略去的事物的区别越多，或者说，从概念
A117 中抽去的规定越多，这概念就越是抽象。所以，真正讲来，当称抽象概念为进行抽象的概念(conceptus abstrahentes)，也就是许多抽象发生于其中的概念。例如，物体概念其实不是抽象概念，因为我不能抽去物体本身，否则我也就不会有物体的概念。但是我必须抽去大小、颜色、硬度或流动性等等，简言之，抽去特殊物体的一切特殊规定。最抽象的概念是同与它有区别的东西毫无共同之处的概念。某物的概念就是如此，因为与它有区别的东西是虚无，与某物毫无共同之处。

注释 3　抽象只是普遍有效的表象在其下得以产生的消极条件，积极的条件是比较和反思。因为通过抽象不能产生概念；抽象只是完成概念并将概

念包括在它的确定界限之内。

§7. 概念的内涵和外延

每一概念，作为**部分概念**，都包含在事物的表象中；而作为**知识的根据**，亦即作为**特征**，都将这些事物包含于其**下**。就前一方面讲，任何概念都有**内涵**；就后一方面讲，任何概念都有**外延**。 A148

概念的内涵和外延彼此成反比例。概念的外延越大，其内涵就越小，反之亦然。

注释　概念的普遍性或普遍有效性并非由于概念是**部分概念**，而是由于概念是**知识的根据**。

§8. 概念的外延量

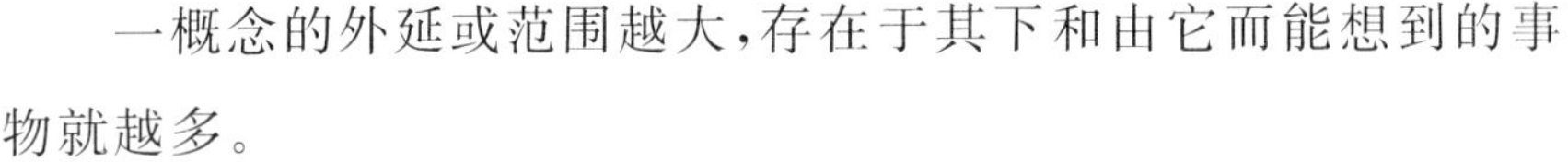

一概念的外延或范围越大，存在于其下和由它而能想到的事物就越多。

注释　像人们谈到根据时，说它包含**结论**于自身之下那样，人们在谈到概念时也可以说，作为知识的根据，它包含对其加以抽象的一切事物于自身之下，例如，金属概念就对金、银、铜等等加以抽象。因为任何概念，作为普遍有效的表象，都包含那为不同事物的许多表象所共有的东西，所以一切包含 A149 于其下的事物都能由此概念来表象。正是这一点构成了概念的有用性。能够由一概念来表象的事物越多，这概念的范围就越大。例如，**物体**概念的外延就大于**金属**概念的外延。

§9. 较高概念和较低概念

在自身之下尚有其他概念的概念称为**较高**概念（conceptus

superiores)，与之相比，那些其他概念称为较低概念。特征(离去的特征)的特征是一种较高概念，关于离去特征的概念则是一种较低概念。

注释　因为较高概念和较低概念只是相对而言的，所以同一概念在不同的关系中，可以既是较高概念，又是较低概念。例如，人的概念相对于马的概念[①]是较高概念，相对于动物的概念则是较低概念。

A150 ## § 10. 属和种

就其较低概念而言，较高概念称为属(genus)，就其较高概念而言，较低概念称为种(species)。

像较高概念和较低概念那样，属的概念和种的概念的区别也不是就其本性，而是仅就其相互间的逻辑从属关系而言的。

§ 11. 最高的属和最低的种

最高的属是非种的属(genus summum non est species)，最低的种是非属的种(species，quae non est genus，est infima)。

然而根据连续性法则，既不能有最低的种，也不能有最近的种。

注释　如果我们思维一系列互相从属的许多概念，如铁、金属、物体、实体、物，我们就不断得到较高的属。因为任何种都永远可视为其较低概念的属(如学者概念可视为哲学家概念的属)，直至最终达到再不能是种的属。我

A151

① 学园版揣为："黑人的概念"。——原注

们最后一定能够达到这样的属，因为最后必有一最高概念(conceptum summum)，这概念不容许继续抽象，否则整个概念就会消失。但是在种和属的系列中，没有不再包含其他种于其下的最低概念(conceptum infimum)或最低的种，因为这样的概念是不可能规定的。就连我们直接应用于个体的概念，也存在着一些不是我们没有觉察，就是为我们所忽略的种差。只有用于比较时才有最低概念，这些概念好像是当人们同意不再往更低走时，由约定俗成才获得这种意义。

关于种属概念的规定，下列普遍法则是有效的：有可以不再是种的属，但没有可以不再是可能的属的种。

§12. 较广的概念和较狭的概念——可代换的概念 A152

较高的概念也称较广的概念，较低的概念也称较狭的概念。

具有同样范围的概念称为可代换的概念(conceptus reciproci)。

§13. 较低概念与较高概念(较狭概念与较广概念)的关系

较低概念并不包含在较高概念之中，因为较低概念的内涵多于较高概念；但是较低概念却包含在较高概念之下，因为较高概念包含着较低概念的知识根据。

此外，一概念并不以在自身之下所包含的较多而比另一概念更广(这是人们不能知道的)，概念之所以更广，是因为在它之下包含别的概念和除此而外更多的东西。

§14. 有关概念从属的普遍规则

关于概念的逻辑外延，下列普遍规则是有效的：

A153 1）凡适合于较高概念或与之相冲突的，也适合于包含在较高概念之下的一切较低概念或与之相冲突；反之

2）凡适合于一切较低概念或与之相冲突的，也适合于其较高概念或与之相冲突。

注释　因为诸物在其中一致的东西，都来自诸物的普遍属性，诸物在其中相异的东西都来自诸物的特殊属性，所以人们不能断定：凡适合于一较低概念或与之相冲突的，也适合于其他较低概念（这些概念与前一概念同属于一个较高概念）。因此，譬如说，人们也不能断定：凡是不适合于人类的，也不适合于天使。

§15. 较高概念和较低概念的产生条件：逻辑抽象和逻辑规定

由持续的逻辑抽象不断产生较高概念，反之，由持续的逻辑规定不断产生较低概念。可能的最大抽象给出再想不出什么规定可
A154 由以去掉的最高或最抽象的概念。完满的最高规定则可给出一种通体规定的概念（conceptum omnimode determination），亦即给出再想不出什么规定可以附加上去的概念。

注释　因为只有个别事物或个体是通体规定的，所以能给予的通体规定的知识只是作为直观，而非作为概念；就后者而言，逻辑规定永远不能视为业已完满（§11.注释）。

§16. 概念的抽象使用和具体使用

任何概念都可以普遍地或特殊地（抽象地或具体地）使用。较

低概念如着眼于它的较高概念，便抽象地使用；较高概念如着眼于它的较低概念，则具体地使用。

注释1 抽象和具体两词与概念本身无关(因为任何概念都是抽象概念)，而仅与概念的使用有关。这种使用可有不同的程度，人们各按其程度， A155
或多或少抽象或具体地对待一概念，即或多或少地去掉或添加规定。通过抽象的使用达到最高的属概念，通过具体的使用则接近于个体。

注释2 在概念之抽象或具体的使用中，哪一种使用比另一种更优越呢？这是无法决定的。一种使用的价值并不比另一种估价较小。通过很抽象的概念我们稍知许多事物；通过很具体的概念我们甚知少数事物。所以，我们在一方面得到的，又在另一方面失去。外延大的概念，就人们能够将它用于许多事物而言，是很有用的；但这概念因此具有较小的内涵。例如，我在实体概念中想到的，不比在白垩概念中更多。

注释3 通俗性的艺术就在于，使同一知识中的抽象表象与具体表象间的关系适当，因而使知识在外延和内涵方面借以达到最高限度的概念与其展示间的关系适当。

A156 # 第二章 判断

§17. 判断的一般阐明

判断是不同表象的意识统一之表象，或构成一概念的不同表象的关系之表象。

§18. 判断的质料和形式

任何判断都有作为其主要成分的**质料**和**形式**。判断的**质料**是所与的、在判断中为意识的统一所联结的知识；判断的**形式**是不同表象如何属于一个意识的样式和方式规定。

A157 ## §19. 逻辑反思的对象——判断的单纯形式

因为逻辑抽去了知识的一切实在的或客观的区别，所以并不研究判断的质料或概念的内容。逻辑仅就其单纯形式来考虑各种判断。

§20. 判断的逻辑形式：量、质、关系和样式

就其形式而论，不同的判断可归结为**量**、**质**、**关系**和**样式**四个主要环节，鉴于这些主要环节，所规定的判断的不同形式也刚好有这么多。

§21. 判断的量：全称的、特称的、单称的

就量来看，判断或者是**全称的**，或者是**特称的**，或者是**单称的**。在这些判断中，主项依次包含或排斥谓项概念的全体、谓项概念的部分，以及部分的部分。在**全称**判断中，一概念的外延全都包含在 A158
另一概念的范围中；在**特称**判断中，一概念的部分外延包含在另一概念的范围下；最后，在**单称**判断中，全无外延的一概念当然也就不会作为部分包含在另一概念的范围下。

注释 1　就逻辑形式而言，单称判断与全称判断在使用上可视为相同，因为在两种判断中，谓项无例外地适用于主项。例如，在单称命题“**伽尤斯有死**”中，谓项可以和全称命题“**凡人皆有死**”一样无例外地适用于主项，因为只有一个伽尤斯。

注释 2　关于知识的普遍性，在**一般**命题和**普遍**命题之间，有一实在的，却当然与逻辑无关的区别。一般命题即是这样的命题，这种命题仅包含若干对象的普遍的东西，因而不含有包摄的充分条件，如命题“必须使证明彻底”；普遍命题是对于一对象普遍地主张某物的命题。

注释 3　普遍规则不是分析地普遍的，就是综合地普遍的。前者抽去了 A159
杂多性；后者照顾到区别，从而也规定其区别。一客体被思维得越简单，就可能越先依照概念的分析的普遍性。

注释 4　如果全称命题没有具体地认识，其普遍性不能了解，就不能用为准绳，在应用上也不会有启发之效，这些命题只是研究那些在特殊情况下才会知道的东西之普遍根据的课题。例如，“**谁说谎无利并知道真理，谁就说真理**”这一命题，就看不出它的普遍性。因为我们只有通过经验才认识到对于无利者这一条件的限制，就是说，人们可以由于有利而说谎，以致不能牢牢地受道德约束。观察使我们认识到人类本性的弱点。

注释 5　对于特称判断要注意，如果它们可以通过理性来了解，并因而

A160 具有理性的而不只是理智的(抽象的)形式,那么主项必须是一比谓项较广的概念(c. latio①)。如果随时谓项=○,主项=□,那么图一就是一特称判断,因为属于 a 的有一些是 b,有一些不是 b,这是由理性得来的结果。但是,如果情况如图二;那么至少一切较小的 a 都可以包含在 b 之下,较大的 a 则不然。所以特称判断仅仅是偶然的。

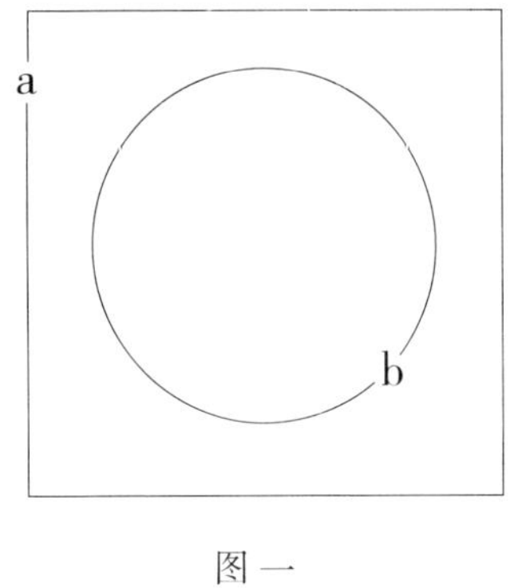

图一

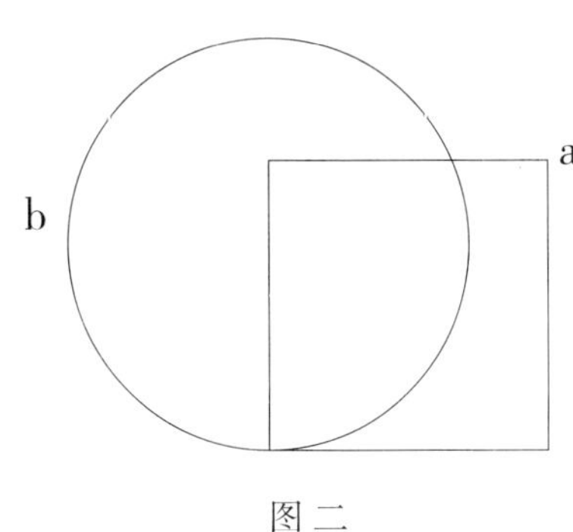

图二

§ 22. 判断的质:肯定的、否定的、无限的

就质来看,判断或者是**肯定的**,或者是**否定的**,或者是**无限的**。在**肯定**判断中,主项在一谓项的范围**之下**被思维;在**否定**判断中,主项被置于一谓项的范围**之外**;在**无限**判断中,主项被置于一概念的范围之内,而这范围却存在于另一概念的范围之外。

A161 **注释 1**　无限判断不仅表明主项不包含在一谓项的范围之下,而且表明除了该谓项的范围之外,主项还存在于无限范围的某一处。所以,无限判断表示谓项范围的**有限**。

凡可能之物或者是 A,或者是非 A。因此,如果我说"某物是非 A",如

① 学园版揣为:"conceptus latior"。——原注

"人的灵魂是不朽的","有些人是不学无术者"等等,那么这就是无限判断。通过无限判断,超出 A 的无限范围之外不能确定客体属于何概念,而只能确定客体属于 A 以外的范围,这范围真正讲来全然不是范围,而只是与无限在范围上的划界或界限本身。虽然排除是一否定,但概念的限制却是一肯定的行动。因此界限是有限对象的肯定概念。

注释 2　根据排中律(exclusi tertii),一概念不是排除,就是包含另一概念。因为逻辑只管判断的形式,不管判断的内容,所以无限判断与否定判断 A162 的区别不属于这门科学。

注释 3　在否定判断中,否定总是影响系词;在无限判断中受否定影响的不是系词,而是——最好用拉丁语表达——谓项。

§23. 判断的关系:直言的、假言的、选言的

就关系来看,判断或者是直言的,或者是假言的,或者是选言的。这就是说,在判断中,所与表象彼此或者作为谓项对主项的关系,或者作为结论对根据的关系,或者作为区分支对被区分的概念的关系而从属于意识的统一性。直言判断是通过第一种关系规定的,假言判断是通过第二种关系规定的,选言判断是通过第三种关系规定的。

§24. 直言判断

在直言判断中,主项和谓项构成判断的质料;主项和谓项借以 A163 规定和表述的(一致或冲突)关系称为系词。

注释　虽然直言判断构成其余判断的质料,但绝不能因此——像许多逻辑学家那样——相信,假言判断和选言判断无非是直言判断的不同装束,因而都可还原为后者。判断的这三种形式本质上基于知性的不同逻辑功能,

因而必须按照这些功能的特殊差异来衡量。

§25. 假言判断

假言判断的质料由作为根据和结论而互相联结的两个判断组成。包含根据的判断是前件(antecedens,prius),作为结论与前一判断相联系的另一判断是后件(consequens,posterius);两个判断互相联结成意识统一的表象称为连贯性(die Konsequenz),后者构成假言判断的形式。

A164 **注释1**　那对于直言判断是系词的东西,对于假言判断就是连贯性,即判断的形式。

注释2　有些人相信,将假言判断变成直言判断是容易的。然而这是行不通的,因为就它们的本性来讲,两者是完全不同的。在直言判断中,什么问题也不存在,一切都是实然的;在假言判断中,实然的只是连项。因此,在后者情况下,我可以把两个错误的判断互相联结起来,因为这里有关的只是联结的正确性——连贯的形式,假言判断的逻辑真理性就基于这种形式。"一切物体都是可分的"和"如果一切物体都是组合的,那么它们是可分的"——这两个命题之间有本质的区别。在前一命题中我直截了当地断定事物,在后一命题中则仅在一表述成问题的条件下断定。

§26. 假言判断的联结方式:定立式和取消式

假言判断的联结方式有两种,即定立式(modus ponens)和取消式(modus tollens)。

A165 1) 如果根据(前件)真,则由根据所决定的结论(后件)亦真,称为定立式。

2) 如果结论(后件)假,则根据(前件)亦假,称为取消式。

§ 27. 选言判断

如果一所与概念的范围的诸部分，在全体中互相规定，或作为补充(complementa)互相规定为一全体，那么这判断是选言的。

§ 28. 选言判断的质料和形式

选言判断由以组成的诸多所与判断，构成选言判断的质料，称为选言支或对立支。选言判断的形式就在于选言本身，亦即在于不同判断(作为划分了的知识之全部范围的互相排斥和互相补充的诸支)关系的规定。

注释 全体选言判断将不同的判断表象为共在一个范围中，并且通 A166
过对整个范围中其他判断的限制，产生出每一判断。它们规定了每一判断与整个范围的关系，因而同时规定了本身相分离的这些不同支(membra disjuncta)的关系。在这里，一个支规定着每个其他支，只要它们全都作为部分共在于一知识的整个范围中，而在此范围之外，便无从设想其有何关系。

§ 29. 选言判断的特性

一切选言判断的特性——通过该特性，选言判断与其余判断(就关系而论)，尤其是与直言判断的特殊区别方得以规定——在于，诸选言支都是或然判断，由这些判断所想到的无非是：它们像一知识范围的诸部分那样，每一判断都是其他判断的补充，诸判断合成的全体(complementum ad totum)，便等于选言判断的范围。由此得出的结论是：在这些或然判断中，有一个包含着真理， A167

或者说——这是一回事——，这些判断中有一个必是实然的，因为除了这些判断而外，该知识范围再没有更多的判断包括在所与条件下，并且其一与其他相对立；因此，真的判断既不能是它们之外的某个别的判断，也不能在它们之中多于一个。

注释　在一直言判断中，事物（其表象被视为另一从属表象范围的一部分）被视为包含在其高级概念之下，因而在范围的从属中，部分的部分是与全体相比较的。但是在选言判断中，我由全体进向一切部分的总和。凡包含在一概念范围之下的，也包含在这范围诸部分中的一部分之下。范围必须首先依此划分。譬如说，如果我提出“学者或是历史学者，或是理性学者”这一选言判断，那么我就对此作了规定，即：就范围而论，这些概念都是学者范围的诸部分，但相互间绝不是部分，以及：一切部分的总和便是完全的。

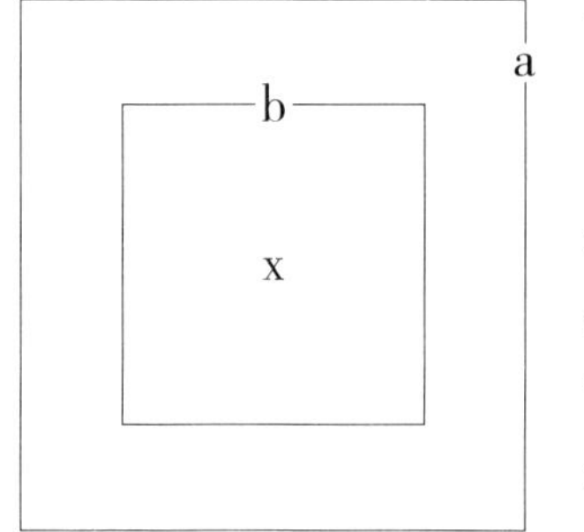

图一

在选言判断中，并非划分了的概念范围被
A168 视为包含在划分范围中，而是包含在划分了的
概念之下的，被视为包含在划分诸支的一支之
下，关于直言判断与选言判断的比较，参看图一
和图二可能更为清楚。

在直言判断中，包含在 b 之下的 x 也包含在 a 之下（见图一）；

在选言判断中，包含在 a 之下的 x，或者包含在 b 之下，或者包含在 c 之下，如此等等（见图二）。

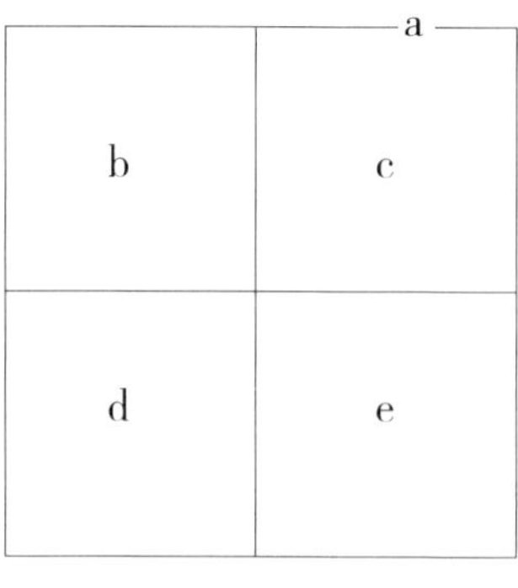

图二

所以，选言判断中的划分所表示的，不是整个概念诸部分的同格，而是概念范围之一切部分的同格。在后一情况下，我通过一个概念思维许多事物，在前一情况下，我通过许多概念思维一个事物，例如通过同格的一切特征来思维定义。

§ 30. 判断的样式:或然的、实然的、必然的 A169

就样式——整个判断与知识能力的关系是通过这一环节来规定的——而言,判断或者是或然的,或者是实然的,或者是必然的。或然判断伴随判断的单纯可能性意识;实然判断伴随判断的现实性意识;最后,必然判断伴随判断的必然性意识。

注释 1　样式这个环节仅表明判断中某物被如何主张或否定的方式,即:是否对一判断的真伪无所决定,像在或然判断"人的灵魂可能不朽"中那样;或者对之有所规定,像在实然判断"人的灵魂不朽"中那样;或者最后,对一判断的真理性以必然性的威严表述出来,像在必然判断"人的灵魂必然不朽"中那样。这种单纯可能或现实或必然的真理规定,仅涉及判断本身,与被 A170
判断的事情毫不相干。

注释 2　在或然判断——也可将它解释为这样的判断,即其质料是与谓项和主项间的关系一起给予的——中,主项无论何时都具有比谓项更小的范围。

注释 3　判断与命题间的真正区别以或然判断与实然判断间的区别为根据,人们过去通常错误地以词句——缺少它们当然处处都不能判断——的表达来规定这种区别。在判断中,不同表象与意识统一间的关系仅被思维为或然的,而在一个命题中,则被思维为实然的。或然命题是自相矛盾(contradictio in adiecto)。在我有一命题之前,我必须先判断。我判断许多我尚未确定的东西,然而一旦我将判断作为命题来规定,我就必须确定它们。此外,在人们实然地接受一判断之前,最好先或然地去判断,以便用这种方式来考验它。对于我们的意图来说,具有实然判断也并非总是必要的。

§ 31. 暗指判断 A171

判断中包含一肯定,同时也以隐蔽的方式包含一否定,以致肯定虽然明显，但否定却是隐蔽的，这样的判断是**暗指**命题。

注释　例如，在“少数人是有学问的”这一暗指判断中，存在着1)否定判断(但以隐蔽方式)：“许多人是不学无术的”；以及2)肯定判断：“一些人是有学问的”。因为暗指命题的性质完全依赖语言条件，如果根据这些条件简短地、一下子便表达两个判断，那就应当注意到，我们的语言所能给予的判断，其所暗指者一定不是在逻辑上，而是在语法上。

§ 32. 理论的和实践的命题

与对象有关，并规定什么适于或不适于对象的命题，称为**理论**命题；反之，**实践**命题是陈述行为的命题，而行为是客体借以成为可能的必要条件。

A172 **注释**　逻辑学只讨论就形式而论，与**理论**命题相对立的实践命题。就内容而论区别于**思辨**命题的实践命题，属于伦理学。

§ 33. 不可证命题和可证命题

能够证明的命题是**可证**命题，不能证明的命题是**不可证**命题。

直接确定的判断都是不可证的，因而被视为**基本命题**(Elementarsätze)。

§ 34. 原理

先天地直接确定的判断，当其他判断能由以证明，而它们本身却不能从属其他判断时，可称原理。原理因此又称**原则**(开端)。

§35. 直观性原理和论证性原理:公理和论理

原理不是直观性的,就是论证性的。前者可在直观中展示,称 A173
为公理,后者只能通过概念表达,可称论理(acroamata)。

§36. 分析命题和综合命题

其确认基于概念(谓项与主项概念)的同一性的命题,叫做分析命题。其真理不依据概念同一性的命题,须称综合命题。

注释 1 "应属物体(a+b)概念的一切 x 亦属广延(b)",是分析命题的一个例子。"应属物体(a+b)概念的一切 x,亦属吸引(c)",是综合命题的一个例子。综合命题在内容上增加了知识;分析命题则仅在形式上增加了知识。前者包含规定(determinationes),后者仅包含逻辑谓项。

注释 2 分析原理非公理,因为它们是论证性的。综合原理仅当它们是直观性的时候,才是公理。

§37. 同语反复命题 A174

在分析判断中,概念的同一性可以或者是表达性的(explicita),或者是非表达性的(implicita)。在前者情况下,分析命题是同语反复的。

注释 1 同语反复命题是实质(virtualiter)空洞或后果空洞的,因此它们毫无用途。例如,同语反复命题"人是人"就是如此。如果关于人,我所知道的只不过说他是人,那么我对于人一点也没有多知道什么。

反之,非表达命题就不是后果空洞或无结果的,因为它们通过展开(explcatio),使未展开地(implicite)存在于主项概念中的谓项更加清楚。

注释 2　后果空洞的命题必须同意义空洞的命题区别开来，因为后者涉及的是所谓隐蔽的特性（qualitates occultae），所以是对于知性的空洞。

§38. 公设和问题

公设是直接确定的实践命题，或规定可能行为——在这种行为中假定实现行为的方式是直接确定的——的原理。

A175

问题（problemata）是可证明的、需要指示的问题，或陈述一行为——其实行方式不是直接确定的——的命题。

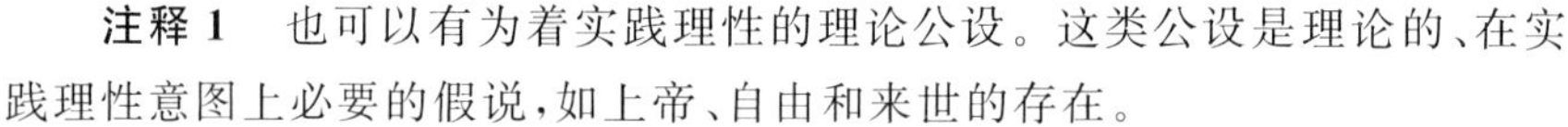
注释 1　也可以有为着实践理性的理论公设。这类公设是理论的、在实践理性意图上必要的假说，如上帝、自由和来世的存在。

注释 2　属于问题的有：1）包含应为之事的问题，2）包含可能成事之方式的解答，以及 3）我如此进行，就会实现所求之事的证明。

§39. 定理、绎理、辅助定理和评注

定理是能够并且需要证明的理论命题。绎理是由在先命题而
A176 得的直接结论。科学中假定为已证明的，不是引自本科学，而是引自其他科学的命题，称为辅助定理。最后，评注是单纯解释性的命题。因此，评注并非作为部分属于整个体系。

注释　任何定理的基本和普遍的要素是论题和证明。此外，也可如此设定定理和绎理的区别：绎理是直接推断出来的，反之，定理则是由直接确定的命题通过一系列结论推出来的。

§40. 知觉判断和经验判断

知觉判断仅仅是主观的，来自知觉的客观判断是经验判断。

注释　由单纯知觉而来的判断是不大可能的，在这种情况下，我只是把我的表象作为知觉来陈述：知觉一塔楼的我，从塔楼上知觉到红的颜色。但是我不能说：它是红的。后者不但是经验的东西，而且是经验判断，亦即我借 A177
以得到客体概念的经验的判断。比如，“当我触及石头时，我感到热”，这是一个知觉判断；反之，“石头是热的”，便是一个经验判断。在后一判断中，我并非把仅存在于我的主体中的东西视为客体。因为经验判断是客体概念由以产生的知觉，如“月亮中的光点是在空气中或是在我的眼睛中运动”。

A178 # 第三章　推理

§41. 一般推理

推理可理解为一判断借以由另一判断推出的思维功能。因此，一般说来，推理就是由另一判断引导出一判断。

§42. 直接推理和间接推理

一切推理不是直接的，就是间接的。

直接推理(consequentia immediata)是由另一判断导出(deductio)一判断，而无需中介判断。如果为了推出知识，除了一判断自身所包含的概念之外，还需要其他概念，则这种推理是间接的。

A179 ## §43. 知性推理，理性推理和判断力推理

直接推理也叫知性推理，而一切间接推理则不是理性推理，就是判断力推理。这里，我们首先讨论直接推理或知性推理。

Ⅰ　知性推理

§44. 知性推理的特性

一切直接推理的基本性质及其可能的原理，仅在于判断的单

纯形式的改变，而判断的质料，即主项和谓项，则保持同一不变。

注释 1 在直接推理中，被改变的只是判断的形式，判断的质料绝未发生改变，这种推理本质上区别于一切间接推理。在间接推理中，诸判断在质料方面也各不相同，因为这里必须添加一个新概念，作为中介判断或作为中 A180 项概念(terminus medius)，以便使一判断由另一判断得出。举例说，如果我推论："一切人皆有死，所以伽尤斯也有死"，那么，这就不是直接推理。因为在这里，要达到这个结论，还需要中介判断："伽尤斯是人"。但由于这个新概念，诸判断的质料也就改变了。

注释 2 在知性推理中，虽然也可作出中介判断(judicium intermedium)，但这样一来，中介判断便仅仅是同语反复。比如，在间接推理"一切人皆有死，有些人是人，所以有些人有死"中，中项概念便是同语反复的命题。

§ 45. 知性推理的样式

知性推理贯穿判断的逻辑功能的一切类别，因而，其主要方式是借量、质、关系和样式各环节规定的。知性推理的下列区分，就以这些环节为基础。

§ 46. 1. 由下属判断而成的知性推理（就判断的量而论） A181

在由下属判断而成的(per judicia subalternata)知性推理中，两个判断在量的方面是有区别的。在这里，由全称判断导出特称判断，是依照从普遍到特殊的推理(ab universali ad particulare valet consequentia)原理进行的。

注释 当一个判断包含在另一判断之下时，称前者为下属的(subalternatum),比如,特称判断包含在全称判断之下。

§47.2. 由对立判断而成的知性推理
(就判断的质而论)

这种知性推理与判断的质的改变有关,并且是就对立的方面来考察改变的。此类对立可以有三种,由它们产生出直接推理的下述特殊区分,即:由矛盾对立的判断而成的直接推理,由反对判断而成的直接推理和由小反对判断而成的直接推理。

A182 **注释**　由对当判断(judicia aequipollentia)组成的知性推理,在严格意义上不能称为推理。因为这里没有什么结论产生,这些判断毋宁是作为表达同一概念的言辞上的替换来看的。在这种知性推理中,诸判断本身就形式而言仍然保持不变。譬如说,"并非一切人都是有德行的"和"有些人是无德行的",这两个判断讲的就是同一件事。

§48.a. 由矛盾对立的判断而成的知性推理

在知性推理中,互相矛盾对立的判断构成真正纯粹的对立,矛盾对立判断其一之真,是由另一判断之伪推断出来的,反之亦然。因为这里出现的真正对立所包含的,比属于对立的东西不多也不少。根据排中律,两个矛盾的判断不能皆真,但也不能皆伪。因此,如果其一真,则其他伪,反之亦然。

A183

§49.b. 由反对判断而成的知性推理

反对或相反判断(judicia contrarie opposita)是其一一般肯定,其他一般否定的两个判断。因为它们中的一个判断所陈述的,多于另一判断,并且在另一判断的单纯否定以外陈述的多余部分中,可能存在虚妄,因此虽然不能两者皆真,却能两者皆伪。所以,关于这些判断,有效的只是**由一判断之真**,**推另一判断之伪**,**而不是相反**。

§50. c. 由小反对判断而成的知性推理

小反对判断是这样的两个判断,即其一所特殊(particulariter)肯定或否定的,是其他所特殊否定或肯定的。

因为小反对判断可以两者皆真,却不能两者皆错,所以关于这种判断,只有下面的推理是有效的:若小反对命题中其一真,则其他伪,但反之并不然。

注释　在小反对判断中并无纯粹的严格对立,因为在一个判断中所否 A184
定或肯定的,并不是另一判断所肯定或否定的同一客体。比如,在推理“有些人是有学问的,所以有些人不学无术”中,前一判断所断定的就不是另一判断否定的那些人。

§51. 3. 由换位判断或换位而成的知性推理(就关系而论)

由换位而成的直接推理与判断的关系有关,因而在于主项和谓项在两个判断中的移置,使一判断的主项成为另一判断的谓项,反之亦然。

§52. 纯粹换位和可变换位

换位中判断的量不是改变,就是保持不变。在前一情况下,被

换位的(conversum)就量而言区别于能换位的(convertente),这种
A185 换位叫可变换位(conversio per accidens);后一情况下的换位叫纯
粹换位(conversio simpliciter talis)。

§53. 换位的普遍规则

关于由换位而成的知性推理,下列规则是有效的:

1) 全称肯定判断只可偶然(per accidens)换位,因为在这些判断中,谓项是较广概念,谓项概念中只有一些东西包含在主项概念中。

2) 但是一切全称否定判断却可绝对(simpliciter)换位,因为在这里,主项取自谓项的范围。最后

3) 一切特称肯定命题同样可以绝对换位,因为在这些判断中,主项范围的一部分为谓项所包含,而谓项范围的一部分也为主项所包含。

A186 **注释 1**　在全称肯定判断中,主项被视为谓项的一内涵(contentum),因为主项包含在谓项的范围之下。因此,譬如说,我只能推论:"一切人皆有死,故包含在有死概念之下者有些是人"。然而全称否定判断却可绝对换位,其原因在于,两个全称的互相矛盾的概念是在同一外延中相矛盾的。

注释 2　有些全称肯定判断虽然也可绝对换位,但其根据却不在它们的形式,而在于其质料的特殊性质,如"一切不变者皆必然"和"一切必然者皆不变"两个判断。

§54. 4. 由换质判断而成的知性推理
(就判断的样式而论)

由换质而成的直接推理方式在于判断的这样一种移置(metathesis)，在这种移置中，只有量保持同一，而质则有所改变。当换质判断使一实然判断变为必然判断时，它们只与判断的样式有关。

§55. 换质的普遍规则 A187

适用于换质的普遍规则是：

一切全称肯定判断都可绝对换质。因为如果包含主项于其下的谓项、从而全部范围都被否定，那么这范围的一切部分，即主项也必被否定。

注释1 由换位和由换质而成的判断，其移置是互相对立的，前者改变的只是量，后者改变的只是质。

注释2 上述直接推理方式仅与**直言**判断有关。

II 理性推理

§56. 一般理性推理

理性推理是通过将其条件包摄在所与的普遍规则下，对一命题的必然性的知识。

§57. 一切理性推理的普遍原则 A188

一切理性推理的有效性所依据的普遍原则，可以确定地表达在下述公式中：

凡在一规则条件之下的，也在该规则本身之下。

注释　理性推理以一普遍规则，及此规则条件下的包摄为前提。因此，人们不是在个别中，而是在普遍中，并且必然是在某一条件之下认识先天结论的。**理性的**或**必然的**原理恰恰在于：一切都存在于普遍者之下，并且在普遍的规则中得到规定。

§ 58. 理性推理的基本部分

任何理性推理都有以下三个基本部分：

1）被称为**大前提**(propositio maior)的普遍规则；

A189 2）将一知识包摄于普遍规则条件下，被称为**小前提**(propositio minor)的命题；以及最后

3）肯定或否定包摄于规则下的知识之谓项的命题——**结论**(conclusio)。

前两个命题在其相互关系中又称**前件**或**前提**(die Vordersätze oder Prämissen)。

注释　规则是一普遍条件下的断言。条件与断言的关系——即断言是如何存在于条件之下的——，是对于规则的**指言**。

条件（无论在何处）发生的知识是**包摄**。

包摄于条件之下者，与规则的断言之联结是**推理**。

§ 59. 理性推理的质料和形式

理性推理的**质料**是前件或前提，当结论包含联贯性(die Konsequenz)时，是理性推理的**形式**。

注释 1　在任何理性推理中，首先要考察前提的真实性，然后是结论的 A190
正确性，在否定一个理性推理时，绝不要先否定结论，而总是或者先否定前提，或者先否定联贯性。

注释 2　在任何理性推理中，前提和联贯性一经给予，结论也就随即给予了。

§60. 理性推理（就关系而论）之区分为直言的、假言的和选言的

一切规则（判断）都包含知识之杂多意识的客观统一，从而包含一条件，在此条件下，一知识和另一知识都属于一个意识。但是可设想的这种统一的条件只有三种，那就是：或者作为诸固有特征的主项；或者作为一知识属于另一知识的根据；最后，或者作为诸部分在一全体（逻辑的区分）中的联结。因此，普遍规则（大前提的）也只能有这么多，通过这些规则，一判断的联贯性从另一判断中介而来。

一切理性推理之区分为直言的、假言的和选言的，其根据就在这里。

注释 1　理性推理既不是按照量来区分的（因为任何大前提都是一条规 A191
则，从而是某种普遍的东西），也不是按照质来区分的（因为不管结论是肯定还是否定都同样有效），最后，更不是按照样式来区分的（因为结论总是伴随着必然性的意识，因而带有必然命题的威严）。所以，唯一可能作为理性推理之区分根据的，就只剩下关系。

注释 2　许多逻辑学家都认为只有直言推理才是正常的，而其余的理性推理都是不正常的。然而这种看法是没有根据的、虚妄的。所有这三种推理都是同等正确，却又互不相同的理性的基本功能的产物。

§61. 直言的、假言的和选言的理性推理所特有的区别

使上述三种理性推理区别开来的东西在于大前提。在直言推理中，大前提是直言命题；在假言推理中，大前提是假言命题；在选言推理中，大前提是选言命题。

A192 §62.1. 直言理性推理

任何直言推理都有三种主要概念（项）即：

1）结论中的谓项。因为谓项的范围大于主项，所以它的概念叫做大概念（大项）；

2）结论中的主项，其概念叫做小概念（小项）；以及

3）一种起媒介作用的特征（nota intermedia）叫做中概念（中项），因为通过它，一知识才包摄在规则的条件之下。

注释　上述诸项的这种区别只发见于直言的理性推理中，因为只有这种推理才单单通过中项进行；反之，其他理性推理则仅通过大前提中或然地表象的命题，以及小前提中实然地表象的命题之包摄进行。

§63. 直言理性推理的原理

一切直言推理所依据的原理是这样的：

A193 凡是适合于一事物特征的，也适合于该事物本身；凡是与一事物的特征相矛盾的，也与该事物本身相矛盾（nota notae est nota rei ipsius；repugnans notae，repugnat rei ipsi）。

注释　从方才提出的原理中，容易演绎出所谓 dictum de omni et nullo〔全与无的命题〕，因而无论对于一般理性推理，还是对于特殊的直言理性推理，后者都不能视为最高原理。

属和**种概念**就是这些概念下一切事物的普遍特征。所以，此处有效的规则是：**凡适合于属或种，或与之相矛盾的，也适合包含于该属或种之下的一切客体，或与之相矛盾**。这个规则才叫做 das dictum de omni et nullo〔全与无的命题〕。

§ 64. 直言理性推理的规则

由直言理性推理的性质和原理，可引出适于这种推理的下列规则：

1）在任何直言推理中，所包含的**主要概念**（项）是**三个**，既不 A194
能多也不能少，因为在这里，我应当通过一媒介特征联结两个概念（主项和谓项）。

2）前件或前提不可皆为否定（ex puris negativis nihil sequitur），因为在小前提中，陈述一知识在规则条件下的包摄必须是肯定的。

3）诸前提也不可皆为**特称**命题（ex puris particularibus nihil sequitur），因为那样一来就没有规则了，也就是没有特殊知识能够由以推出的普遍命题了。

4）**结论永远取决于推理的较弱部分**，也就是取决于前提中，被称为直言推理的较弱部分（conclusio sequitur partem debiliorem）的否定命题和特称命题；因此

5）如果诸前提中有一个是否定命题，则结论也必须是否定的；以及

6）如果有一个前提是特称命题，则结论也必须是特称的。

7）在一切直言理性推理中，大前提必须是一全称（universa-
A195 lis）命题，而小前提必须是一肯定（affirmans）命题；最后，由此而来的是

8）在质的方面，结论必须随大前提而定，在量的方面，结论必须随小前提而定。

注释　结论在任何时候都必须随前提中的否定命题和特称命题而定，这是显而易见的。

如果我只把小前提作成特称的，说有些东西包含在规则之下，那么我在结论中也只能说，规则的谓项适合于一些东西，因为我包摄于规则之下的不比这些更多。如果我以一个否定命题作为规则（大前提），我就必须使结论也成为否定的。因为如果大前提说此一或彼一谓项必须被规则条件下的一切所否定，则结论也必须以包摄于规则条件下的东西（主项）来否定谓项。

§65. 纯粹的和混合的直言理性推理

一个直言理性推理如果未混入直接推理，而诸前提的合乎规
A196 律的秩序亦未变化，那便是纯粹的（purus），否则就称为非纯粹的或混合的（ratiocinium impurum oder hybridum）。

§66. 由命题的换位而成的混合理性推理——格

属于混合推理的，是那些通过命题的换位形成的推理，因而在推理中这些命题的位置并非合乎规律。这种情况发生在所谓直言

理性推理的后三格中。

§67. 推理的四格

所谓格是指推理的那四种方式，其区别是通过前提及其概念的特殊位置来规定的。

§68. 通过中概念的不同位置规定其区别的根据

这要看中概念实际上所处的位置，就是说，中概念可以或者1）在大前提中占主项的位置，在小前提中占谓项的位置，或者2）在两个前提中占谓项的位置，或者3）在两个前提中占主项的 A197
位置，最后，或者4）在大前提中占谓项的位置，在小前提中占主项的位置。通过这四种情况，四个格的区别就确定了。如果S表示结论的主项，P表示结论的谓项，M表示中概念，那么上述四格的图式有如下表：

M P S M	P M S M	M P M S	P M M S
S P	S P	S P	S P

§69. 唯一合乎规律的第一格的规则

第一格的规则是：**大前提是全称命题，小前提是肯定命题**。一般说来，一切直言理性推理的普遍规则必须如此。由此可见，第一格是唯一合乎规律的，其余所有各格——倘若要它们有效的话——通过前提的换位(metathesin praemissorum)，都一定可以还原到第一格。

A198 **注释** 第一格可以具有一切量和质的结论。在其余各格中，则只有某种结论，结论的一些式在这里是要被排除的。这就表明，这些格非但不完备，而且存在某些限制，这些限制妨碍着结论，使之不能在一切式里发生，就像在第一格中那样。

§70. 后三格还原为第一格的条件

后三格有效的条件——在这条件下，任一格都可能有一推理的正确式——归结为：中概念在命题中取得这样一种位置，由这种位置通过直接推理(consequentias immediatas)，可根据第一格的规则产生同一位置。由此产生后三格的下列规则。

§71. 第二格的规则

在第二格中，小前提正常，大前提虽然保持为全称(univer
A199 salis)，但必须换位。这仅仅在大前提是全称否定的时候才可能，如果大前提是肯定的，就必须换质。在两种情况下，结论皆为否定的(sequitur partem debiliorem〔视较弱部分而定〕)。

注释 第二格的规则是：一物的一特征与何物矛盾，该物也与事物本身矛盾。在这里我必须换位，说：一特征与何物矛盾，该物便与这特征矛盾；或者我必须将结论换位：一物的一特征与何物矛盾，事物本身也与该物矛盾，故后者也与前者矛盾。

§ 72. 第三格的规则

在第三格中，大前提正常，小前提必须换位，由此却产生一肯定命题。这仅在肯定命题是特称的时候才可能，因而结论是特称的。

注释　第三格的规则是：凡适合于一特征或与之相矛盾的，也适合包含这特征于其下的一些事物或与之相矛盾。——在这里我才必须说：它适合于在这特征下包含的一切事物或与之相矛盾。

§ 73. 第四格的规则 A200

如果第四格中大前提是全称否定的，则大前提可单纯(simpliciter)换位；小前提是特称时也如此；故结论是否定的。反之，如果大前提是全称肯定的，则大前提可以或者只是偶然地(per accidens)换位，或者换质；故结论不是特称的，就是否定的。如果结论不应换位(将 PS 变为 SP)，则必出现前提的易置(metathesis praemisorum)或两前提的换位(conversio)。

注释　在第四格中，由于谓项与中概念有关，中概念与(结论的)主项有关，故主项与谓项有关；但后者全然不是推出的，而至多是它的换位。为了使之可能，必须使大前提成为小前提，小前提成为大前提，结论必须换位，因为在最初的变化中，小前提就变成大前提了。

§ 74. 后三格的普遍结果

由上述后三格的规则可知：

1) 在这三格中，没有全称肯定结论，结论永远或者是否定的， A201

或者是特称的；

2）每一格都混入一直接推理（consequentia immediata），虽然后者未明确地表达出来，却必须默认。因此

3）所有后三格推理都不是纯粹的，而必须称之为非纯粹的推理（ratiocinia hybrida，impura），因为任何纯粹推理都不能多于三个基本命题（termini）。

§75.2. 假言理性推理

假言推理是这样一种推理，这种推理以一假言命题为大前提。因此，假言推理由两个命题构成，1）一个前件（antecedens）和2）一个后件（consequens），在这里，推理是按照定立式或取消式进行的。

注释1　假言理性推理因此没有中概念，在这种推理中，一命题的联贯性（die Konsequenz）仅由另一命题指明。这就是说，在假言推理的大前提中，A202 联贯性为两个互相分离的命题所表达，其中第一个命题是前提，第二个命题是结论。小前提把或然条件变为一直言命题。

注释2　由假言推理没有中概念而仅由两个命题组成这一点可以看出，这种推理实际上不是理性推理，而毋宁只是一直接的，由一个前件和后件——依照质料或形式——来表示的推理（consequentia immediata demonstrabilis〔ex antecedente et consequente〕vel quoad materiam vel quoad formam）。

每一理性推理都应是一个证明。但是假言推理只是在自身中引用一证明根据。因此，假言推理不可能是理性推理，这也是明显的。

§76. 假言推理的原理

假言推理的原理是根据命题：a ratione ad rationatum，a negatione rationati ad negationem rationis valet consequentia〔结论对根据而言是根据，对否定根据而言是否定根据〕。

§77.3. 选言的理性推理

在选言推理中，大前提是一选言命题，因而，作为这种命题，必有区分支或选言支。

在这里，或者1)由一选言支的真实推论其余各支的虚妄，或者2)由除了一选言支以外所有其余各支的虚妄，推论这一支的真实。前者由定立式(oder penendo tollentem〔或由立而破〕)所成，后者由取消式(tollendo ponentem〔由破而立〕)所成。 A203

注释1 除一支而外的一切选言支合起来构成这一支的矛盾的反面。于是这里便发生了分叉，依照这种分叉，如果两者中其一真实，则其他必虚妄，反之亦然。

注释2 多于两个选言支的一切选言理性推理实际上是多支的。因为一切真正的选言推理只能是两支，逻辑的划分也是两支，但是为了简短，再细分的支被置于原分支之下。

§78. 选言理性推理的原理

选言推理的原理是排中律：

A contradictorie oppositorum negatione unius ad affirmationem alterius, ——a positione unius ad negationem alterius valet consequentia〔结论为矛盾的否定一方对肯定的另一方，——或肯定一方对否定的另一方〕。

§79. 二难推理

二难推理是假言——选言理性推理，或者说，是一假言推理，
A204 而其后件是一选言判断。其后件是选言的假言命题是大前提，小前提肯定后件（per omnia membra〔由所有各支而成的〕）是虚妄的，结论肯定前件是虚妄的。——（A remotione consequentis ad negationem antecedentis valet consequentia〔结论以移去后件来否定前件〕）。

注释　古人对于二难推理搞了不少名堂，称这种推理为抵角推理（Schluβ cornutus）。他们懂得这样来把对手搞到牛角尖，即他们历数对方所能倾向的一切，随后又向对方反驳这一切。他们指出对方承认的任何意见中的许多困难。但是，不去直截了当地反驳命题，而只是指出困难，这是一种诡辩的技巧；这在许多事物中，甚至在极多事物中都是可行的。

如果把一切存在困难的东西立即宣称为虚妄，则摈弃一切便是件轻而易举的游戏了。指出反面的不可能固然是好的，但是，当人们把反面的**不可理解**视为其**不可能**的时候，其中就寓有某种欺骗性的东西。因此，**二难推理**是否同样能够正确地推理，这本身就有许多惑人之处。二难推理可用于辩明真命题，也可用于——通过对其命题提出种种困难来——攻击真命题。

A205

§80. 正规的理性推理和隐蔽的理性推理 (ratiocinia formalia und cryptica)

正规的理性推理是这样一种推理，这种推理不仅就质料而言包含一切必需的东西，而且就形式而言也是正确完美地表达的。与正规的理性推理相反，一切移置前提，或者略去一个前提，最后，或者只有中概念与结论相联结的推理，都可算作**隐蔽的**（cryptica）

理性推理。第二种隐蔽的理性推理(在其中,有一前提没有表达出来,而只是一同想到)叫做残缺推理或省略推理。第三种称为收敛推理。

III　判断力推理

§81. 规定的判断力和反思的判断力

判断力有两种,规定的判断力或反思的判断力。第一种由普遍到特殊,第二种由特殊到普遍。后者只有主观的有效性,因为判 A206
断力由特殊进达的普遍,只是一种经验的普遍性——一种单纯逻辑上的类推。

§82. 判断力(反思的)推理

判断力推理是由特殊概念到普遍概念的某些推理方式。因此它们不是规定的判断力的功能,而是反思的判断力的功能。它们所规定的也不是客体,而只是旨在达到客体知识的有关客体的反思方式。

§83. 判断力推理的原理

为判断力推理提供根据的原理是:多之谐和为一并非没有共同根据,乃是以这种方式适合多者,必皆出自一共同根据。

注释　由于这样一个原理为判断力推理提供了基础,所以判断力推理不能视为直接推理。

A207
§84. 判断力的两种推理方式——归纳和类推

当判断力由特殊进到普遍，以便从经验，而不是先天地（经验地）引出全称判断的时候，便或者由许多事物推论一个种的一切事物，或者由同种事物在其中谐和一致的许多规定和性质，推论其余各种规定和性质，只要它们都属于同一个原理。第一种推理方式叫做归纳推理；第二种推理方式叫做类比推理。

注释1　归纳根据"凡适合于一个属的许多事物者，也适合这属的其余诸事物"这个一般化原理，由特殊推论普遍（a particulari ad universale）。类推是从两物的特殊类似，推论其全部相似。它所根据的是特殊化原理，即：如果人们从一个属的事物，认识到许多一致的东西，那么，人们在此属一些事物中认识到而在此属其余事物中尚未知觉到的东西，也会是一致的。归纳将经
A208 验的所与物从特殊扩展到与诸多对象有关的普遍；类推则将所与一物的性质扩展到同一物的更多性质。——"一在多中，所以此一在一切中"，这是归纳；——"多在一中（另一个中也是多），所以其余者也在同一个中"，这是类推。比如，由每个创造物天性之充分发挥来论证不朽，就是一个类比推理。

此外，类比推理不要求根据的同一性（par ratio）。依照类比，我们只能推论月球上有有理性的居住者，而不能推论人类。人们也不能在比较项之外按照类比进行推理。

注释2　任何理性推理都必须给出必然性。因此，归纳和类比不是理性推理，而只是逻辑上的推测或经验的推理。通过归纳虽然能得到普通命题，却不能得到普遍命题。

注释3　上述判断力推理对于我们经验知识的扩展，是有用的和不可缺少的。但是，由于它们只能给予经验的确定性，我们必须谨慎小心地运用。

§85. 简单理性推理和复合理性推理 A209

仅由一个理性推理组成的理性推理是简单的，由许多理性推理组成的理性推理是复合的。

§86. 多重推理

许多理性推理不是通过单纯的同位，而是通过隶属（如根据与结论）互相联结于其中的复合推理，被称为理性推理的连锁（多重推理）。

§87. 前进三段论法和倒退三段论法

在复合推理系列中，推理可以双重方式进行：或者从根据下推到结论，或者从结论上溯到根据。第一种方式是通过倒退三段论法进行的，另一种是通过前进三段论法进行的。

倒退三段论法即是推理系列中的这样一种推理，这种推理的
前提是一个前进三段论法——一种以倒退三段论法的前提为结论 A210
的推理——的结论。

§88. 复合三段论或连锁推理

由许多省略的、围绕一个结论而互相联结起来的推理[①]，叫做复合三段论或连锁推理。连锁推理可以或者是前进的，或者是倒溯的；人们依照这两种方式，从较近的根据升至较远的根据，或者从较远的根据降至较近的根据。

---

① 学园版揣为：“推理组成的推理”。——原注

§ 89. 直言连锁推理和假言连锁推理

前进的或倒溯的连锁推理又可以或者是直言的，或者是假言的。前者由作为谓项系列的直言命题组成，后者由作为连贯性(von Konsequenzen)系列的假言命题组成。

§ 90. 妄论——谬推——诡辩

虽然自身有一正确推理的假象，但是就形式而论却是虚妄的推理叫做妄论(fallacia)。借以欺骗自己的推理叫做谬推，试图由
A211 以欺骗他人的推理叫做诡辩。

注释　古代人特别从事于这类诡辩的编造。许多诡辩都是由此产生的，比如，由各种不同意义的中项的语句所组成的诡辩；以别指词为简单词之谬推(fallacia a dicto secundum quid ad dictum simpliciter)；异指的诡辩，无知的诐辞(sophisma heterozeteseos，elenchi ignorationis)等等。

§ 91. 推理中的跳跃

推理或证明中的跳跃(saltus)，是指一前提与结论相联结，而略去另一前提。当人人都能轻易地想到所缺少的前提时，这样一种跳跃是合法的(legitimus)；但是，当包摄并不清楚时，便是非法的(illegitimus)了。在这样的跳跃中，一个遥远特征与一缺少中间特征(nota intermedia)的事物联结起来。

§ 92. 预期理由——循环论证

预期理由是指人们把假定为论据的命题当作直接确定的命

题，尽管该命题还需要论证。当人们将一想要证明的命题，用作证明它自身的根据时，便犯了循环论证的错误。 A212

注释　循环论证通常是难以发现的，正因为如此，这种错误一般最常见于证明困难的地方。

§93. 多余论证和不足论证

一个证明可以过多，也可以过少。在后者情况下，它只是应证明的东西的一部分；在前者情况下，它也与虚妄的东西有关系。

注释　不足论证可能是真实的，所以不容抛弃。但是，一个证明如果证明得太多，那么它所证明的便多于真实，所以毕竟是虚妄的。比如，"凡不能给予自身生命者，亦不能夺去自己的生命"，这个反对自杀的证明就过多，因为根据这个理由，我们也不得杀死动物。所以该证明是虚妄的。

第 二 编 A213

一 般 方 法 论

§94. 手法和方法 A215

一切知识及知识的全体，都必须依照一种规则。（无规则即是无理性。）——这种规则或者是手法（自由的）的规则，或者是方法（强制）的规则。

§95. 科学的形式——方法

知识作为科学，必须按照一种方法来处理。科学是作为体系的知识整体，而不单是其堆积物。因此，科学要求一种系统的、按照深思熟虑的规则编成的知识。

§96. 方法论——其对象和目的

逻辑学中的要素论以知识的完备性的要素和条件为其内容，与此相反，一般方法论作为逻辑学的另一部分，则研讨科学的一般形式，或研讨将知识的杂多联结成一门科学的样式。

§97. 促成知识之逻辑完备的方法 A216

方法论应当陈述我们如何达到知识完备的方式。知识最主要的逻辑完备，就在于知识的明晰、彻底，及系统安排成一门科学的整体。因此，方法论主要是陈述知识之逻辑完备借以促成的方法。

§ 98. 知识明晰的条件

知识之明晰，及其联结成一系统的整体，依赖包含于知识中及知识下的东西之概念明晰。

明晰地意识到概念的内涵，要通过概念的解释和定义；而对于概念外延的明晰意识，则借助于概念的逻辑划分。这里先从内涵方面讨论促成概念明晰的方法。

A217

I　通过对概念的定义、阐明和描述，来促成知识的逻辑完备

§ 99. 定义

定义是充分明晰准确的概念（conceptus rei adaequatus in minimis terminis，complete determinatus〔以最少言辞充分完全规定的概念〕）。

注释　唯独定义可视为逻辑上完备的概念；因为在定义中结合着概念的两种最主要的完备——明晰，及明晰中的圆满精确（明晰的量）。

§ 100. 分析定义和综合定义

一切定义或者是分析的，或者是综合的。前者是一个所与概念的定义，后者是一个造成概念的定义。

§101. 先天及后天的所与概念和造成概念

分析定义的所与概念或者是先天所与的，或者是后天所与的；同样地，综合定义的造成概念或者是先天造成的，或者是后天造成的。 A218

§102. 由阐明或构造而成的综合定义

综合定义由以发生的造成概念的综合，或者是（对于现象的）阐明的综合，或者是构造的综合。后者是随意造成的概念综合，前者是经验的，也就是由作为概念质料的所与现象造成的概念综合（conceptus factitii vel a priori vel per synthesin empiricam〔先天及经验综合所造成的概念〕）。随意造成的概念是数学概念。

注释 一切数学定义和——倘若定义在经验的概念中到处都可发生的话——经验定义必须综合地造成。因为在后一种概念中，例如在水、火、空气等经验概念中，我不应当分析存在于它们之中的东西，而应当通过经验，认识属于它们的东西。所以，一切经验的概念必须视为造成概念，但是这些概念的综合不是随意的，而是经验的。

§103. 经验的综合定义之不可能性 A219

经验的概念综合不是随意的，而是经验的，作为这样的综合绝不能是完善的（因为在经验中永远可以发现概念的更多特征），所以也不能给经验的概念下定义。

注释 只有随意概念可以综合地定义。随意概念的这些定义——它们不仅总是可能的,而且也是必然的、必须先行于一切借助随意概念说出的东西——也可称之为申述,只要人们借以说出他的思想或提供出一句话中知解到的东西的理由。在数学家中情况就是如此。

§104. 由分析先天或后天所与概念而成的分析定义

一切所与概念,无论是先天所与还是后天所与,都只能通过分析来定义。因为只有不断地搞清所与概念的特征,才能使所与概

A220 念明晰。如果搞清楚了所与概念的一切特征,这概念就完全明晰了;所与概念如果不包含过多的特征,便是精确的,由此产生出概念的定义。

注释 因为不能由实验来确定,一所与概念的特征通过充分分析是否已经穷尽,所以,一切分析的定义都可认为是不可靠的。

§105. 阐明和描述

并非一切概念都能定义,但也不是一切概念都可定义。

同某些概念的定义相近的,一方面是阐明(expositiones),一方面是描述(descriptiones)。

阐明一概念,就在于将其特征互相连贯(连续)地表象出来,只要这些特征是通过分析发现的。

描述是对一概念的不精确的阐明。

注释1 我们能阐明的,或者是概念,或者是经验。前者通过分析进行,后者通过综合进行。

A221 **注释2** 阐明仅在所与概念中发生,通过阐明使所与概念明晰。阐明区

别于申述,申述是造成概念的明晰表象。

要使分析完善并非总是可能的,而因为分析在成为完善的之前,必定先是不完善的。所以,即使是不完善的阐明,作为定义的部分,也是对概念的真实有用的展示。在这里,定义永远只是我们必须试图达到的逻辑上完备的理念。

注释 3　描述只能在经验地所与的概念中发生。它没有规定的规则,而仅包含定义的材料。

§ 106. 名义定义和实在定义

单纯名称上的说明或名义定义,是作为这样一种定义来理解的,这种定义包含着人们随意给予某一名称的意义,因而仅标明其对象的逻辑本质,或者仅用来使该对象同其他客体区别开来。反之,事物的说明或实在定义则是依照内在规定充分认识客体的定义,因为实在定义是根据内在特征来陈述对象的可能性的。

注释 1　与事物不同,如果一个概念是内在充分的,则它也一定是外在 A222
充分的。但是,如果概念是内在不充分的,那它便仅是在某种关系中外在充分的,也就是在被定义的概念与其他概念的比较中是充分的。唯有无限制的外在充分性无内在充分性就不可能。

注释 2　经验对象只允许作名义说明。所与知性概念的逻辑的名义定义,是从一种属性取来的;实在定义则来自事物的本质,来自可能的第一根据。因此,实在定义包含任何时候都属于事物的东西,包含事物的实在本质。单纯否定的定义也不可称为实在定义,因为否定特征固然可以像肯定特征那样,用来使一物同他物相区别,但不能用于按照内在可能性认识事物。

在道德事物中,必须永远探求实在定义,我们的一切努力都必须以此为目标。数学中有实在定义,因为随意概念的定义永远是实在的。

注释 3　如果一个定义给出先天对象能够由以说明的概念,则该定义是发生的(genetisch);一切数学定义都是如此。

A223

§ 107. 定义的基本要求

一般属于定义的完备性的基本普遍要求，可在量、质、关系和样式这四个主要环节之下来考察。

1）就量来看——关于定义的范围——，定义和被定义者必须是**可转换的概念**，从而定义不得**宽于**或**窄于**它们所定义的东西；

2）就质来看，定义必须是一**周详**而**准确**的概念；

3）就关系来看，定义不得是同语反复，就是说，被定义者的诸特征必须作为被定义者的**知识根据**，同被定义者本身有区别；最后

4）就样式来看，诸特征必须是**必然的**，从而不是由经验附加上去的。

注释　定义应由属概念和种差概念（genus und differentia specifica）构成，这个条件只在**比较**名义定义时才有效，对于导出实在定义则不适用。

A224

§ 108. 检验定义的规则

检验定义时，要完成四种活动，也就是要研究定义

1）作为命题来看，是否**真实**；

2）作为概念来看，是否**明晰**；

3）作为明晰的概念来看，是否也**周详**；最后

4）作为周详的概念来看，是否同时又**确定**，即对事物本身是否适合。

§ 109. 下定义的规则

完成下定义的，也恰恰是检验定义的这四种活动。为此目的

就要探求：1.真实命题；2.其谓项尚未假定事物概念的命题；3.收集命题的更多谓项，把它们同事物本身的概念相比较，看它们是否合适；最后，4.看一看是否没有一个特征混入或隶属另一特征。

注释1　无须提醒也能了解，这些规则仅适用于分析的定义。因为在这里，人们永远无法确定分析是否业已完善，所以只可把定义作为尝试提出来，
就像它并不是定义那样来利用它。在这样的限制下，仍可把它作为一个明晰 A225
真实的概念来使用，并由这一概念的诸特征引出绎理。因此我可以说，凡适合于被定义者概念的，也适合于定义。但是反过来当然不行，因为定义不能穷尽全部被定义者。

注释2　在说明时利用被定义者的概念，或在定义时以被定义者为根据，称为**循环**说明(circulus in definiendo)。

II　通过概念的逻辑划分来促成知识的完备

§110. 逻辑划分的概念

任何概念都包含一致而又不同的杂多于其下。包含于一概念之下的一切可能的东西——只要这些东西相互对立、即彼此相异——的概念规定，叫做**这概念的逻辑划分**。较高概念叫做**被划分概念**(divisum)，较低概念叫做**划分支**(membra dividentia)。

注释1　**分剖**一概念和**划分**一概念因此很不相同。在概念的分剖中，我 A226
看到(通过分析)包含于概念**中**的东西；在概念的划分中，我考察包含于概念**下**的东西。这里我划分的是概念的范围，而不是概念本身。因此，说划分就

是概念的分剖还远远不够，宁可说，划分的诸支在自身中所包含的，多于被划分的概念。

注释 2　通过划分，我们从较低概念上升到较高概念，又从较高概念下降到较低概念。

§ 111. 逻辑划分的普遍规则

在概念的任何划分中，应注意的是

1）诸划分支的自相排斥或相互对立；其次，它们

2）同属于一个较高概念（conceptum communem）之下；最后

3）所有一切划分支总和，构成或等同于被划分概念的范围。

注释　诸划分支必须通过矛盾对立，而不是通过单纯的相对（contrarium）互相分离。

A227

§ 112. 同分和再分

用于不同意图的概念的不同划分，叫做**同分**（Nebeneinteilung）；诸划分支的划分叫做**再分**（subdivisio）。

注释 1　再分可以无限地进行下去。但相对地讲，它却可以是有限的。同分也可以无限地进行，特别是在经验概念中；因为有谁能穷尽概念的一切关系呢？

注释 2　也可以把依据同一对象的不同概念（观点）之划分称为**同分**，把不同观点本身的划分称为**再分**。

§ 113. 二分和多分

分为二支的划分叫做**二分**，划分多于二支的，叫做**多分**。

注释1　一切多分都是经验的；二分则是根据先天原理的唯一划分，从而是唯一的**原始**划分。因为划分的诸**支**应当是相互对立的，与任何A相对立的支，都无非是～A。

注释2　多分不能在逻辑学中讲授，因为它属于**对象的知识**。二分只 A228
需要**矛盾律**，而无须认识人们想要划分——就内涵而言——的概念。多分则或者需要先天直观，像在数学（比如圆锥曲线的划分）中那样，或者需要经验直观，像在博物学中那样。也有来自**先天综合原理三分法**的划分，就是1）作为条件的概念，2）为条件所限制的东西，以及3）由前者到后者的导出。

§114. 划分的不同方法

在论述和处理科学知识时，尤其还涉及方法本身的问题。有各种不同的主要方法，这里我们按下列划分对其加以陈述。

§115.1. 科学的和通俗的方法

科学的或**学术的**方法区别于**通俗的**方法，前者从基本命题出
发，后者从**惯常**而有趣的事情出发。前者依靠**彻底性**，从而远离一 A229
切奇异的东西，后者则以消遣为目的。

注释　这两种方法是就种类，而不是就单纯的陈述而言相互区别的，方法上的通俗与陈述上的通俗是某种不同的东西。

§116.2. 系统方法或零散方法

系统方法与**零散的**或**前后不连续的**方法相对立。如果按一种方法去思想，随后在陈述中将它表达出来，并明晰地指出一命题向另一命题的过渡，那就是在系统地研讨一种知识。反之，如果虽然

按一种方法去思想，但没有按部就班地处理陈述，则这样一种方法可称为不连续的。

A230 注释　就像有计划的陈述与杂乱的陈述相对立那样，系统的陈述与零散的陈述相对立。按照一定方法思维的人，可以系统地或零散地讲说。表面零散，而本身却有计划的陈述是格言式的。

§117.3. 分析方法或综合方法

分析方法与综合方法是对立的。前者从既定条件和根据出发，进向原理（a principiatis ad principia），后者从原理走向结论，或从简单走向复杂。前者可称倒溯法，后者可称前进法。

注释　分析方法又称发现的方法。为了通俗化目的，分析方法更合适；而为了科学系统地论述知识，则综合方法更合适。

§118.4. 三段论法或列表法

三段论法是以推理连锁来陈述一门科学的方法。

A231 列表法是这样一种方法，依照这种方法，一个业已完整的学说结构在其全体联系中展示出来。

§119.5. 密授法或诘问法

单独传授的方法是密授法；同时也发问的方法是诘问法。后一种方法又分为对话法或苏格拉底方法与问答教授法，其问题或者对知性而发，或者单纯对记忆力而发。

注释 人们只可通过苏格拉底式对话进行诘问法教授，在这种对话中，两人都需发问，并互相回答，以致学生似乎本身又是先生。苏格拉底式对话就是通过诘问进行教授，以此使他的学生认识到他自己的理性原理，增强学生对这原理的注意。但是，通过普通宗教问答法却不能教授，而只能盘诘密授的东西。因此，宗教问答法只适用于经验知识和历史知识，反之，对话法却适用于理性知识。

§120. 沉思 A232

沉思可理解为深思熟虑或一种有计划的思维。沉思必须伴随一切阅读和学习。此外，先作临时性的研究，然后再使思想井然有序，或依照一种方法将思想联结起来是必要的。

索　　引

索引包括人名索引和主题索引。条目开头附有德文原文。所列出处页码，指耶舍版页码，即本书边码。

一、人名索引

H

K

L

M

N

P

二、主题索引

C

D

F

G

N

P

Q

R

S

T

译 后 记

一、本书根据西德达姆斯塔特科学书社(Wissenschaftliche Buchgesellschaft)1968年出版的《康德文集》(十卷集)第5卷译出。

二、某些术语的译法需要在这里说明一下。

1. Allgemeine Elementarlehre、Allgemeine Methodenlehre。这两个术语可译为“普遍要素论”、“普遍方法论”,也可译为“一般要素论”、“一般方法论”。考虑到康德将先验逻辑分为“先验要素论”和“先验方法论”两部分,一般逻辑似应作相应划分,故采用了后一译法,译为“一般要素论”、“一般方法论”。

2. Konsequenz。德文的这个词有“一致、一贯”和“结果、结论”两种基本含义,有人据此译为“后件”。可是在本书中,这个词专指构成假言判断的两个判断互相联结成意识统一的表象,有联系、贯通之意,并非单指“后件”,故译为“联贯性”。

3. Gewißheit,有人译作“确定性”,也有译作“确信”的。但“确信”德文专有一词,即“Überzeugung”,而译为“确定性”又嫌太泛,因为这个词实指“确定的认以为真”(Das gewisse Fürwahrhalten),故译为“确认”。

4. verstehen(拉丁文 intelligere),康德用这词特指知性借助于概念的那种认识，我译为“知解”，以区别于通过理性来认识的理解，即德文的“begreifen”。

三、在本书翻译过程中，金岳霖先生、沈有鼎先生和叶秀山老师曾就若干术语的译名提出过宝贵意见，谨向他们表示谢意。

译文有不妥之处，恳请读者指正。

译　　者

1983 年 9 月于吉林大学

图书在版编目(CIP)数据

逻辑学讲义/(德)康德著;许景行译. —北京:商务印书馆,2017
(汉译世界学术名著丛书:120年纪念版:珍藏本)
ISBN 978-7-100-14856-6

Ⅰ.①逻… Ⅱ.①康…②许… Ⅲ.①逻辑—研究
Ⅳ.①B81②B516.31

中国版本图书馆CIP数据核字(2017)第162080号

汉译世界学术名著丛书
(120年纪念版·珍藏本)
逻 辑 学 讲 义
〔德〕康 德 著
许景行 译
杨一之 校

商 务 印 书 馆 出 版
(北京王府井大街36号 邮政编码100710)
商 务 印 书 馆 发 行
北 京 冠 中 印 刷 厂 印 刷
ISBN 978-7-100-14856-6

2017年12月第1版 开本710×1000 1/16
2017年12月北京第1次印刷 印张10½
定价:55.00元